Que Brille El Amor

Vive tu matrimonio como signo del amor de Dios

Ken Johnson-Mondragón, Editor

Conferencia de Obispos Católicos de California

Nihil Obstat
Rvdo. Jeff Henry
Censor Librorum

Imprimatur
✠ Rvdmo. Jaime Soto
Obispo de Sacramento
26 de julio de 2025

El *Nihil Obstat* y el *Imprimatur* son declaraciones oficiales de que un libro esté libre de errores doctrinales o morales. No implica que quienes han otorgado el *Nihil Obstat* y el *Imprimatur* estén de acuerdo con el contenido, las opiniones o las declaraciones articuladas.

Equipo de escritores, con exclusión de la carta de los obispos de California, las oraciones y bendiciones, y las páginas proveidas por *Communio*: Ken Johnson-Mondragón, Molly Sheahan, Kathleen Domingo y Kim Nickols.

Traducción al español: Maricela Miotto y Ken Johnson-Mondragón

Portada e ilustraciones: Joe Kim
Imágenes de los santos y modelos del amor matrimonial: créditos en la página 66

Publicado por OSV en 2025. Our Sunday Visitor Publishing Division, 200 Noll Plaza, Huntington, IN 46750; www.osv.com; 1-800-348-2440.

ISBN: 978-1-63966-455-9 (Núm. de inventario, T3068)

Impresión actual, 2025

IMPRESO EN LOS ESTADOS UNIDOS DE AMÉRICA

QUE BRILLE EL AMOR

UNA ORACIÓN A FAVOR DEL MATRIMONIO

Padre celestial,

Te alabamos y te agradecemos por el gran don
del Sacramento del Matrimonio.

Ayuda a todas las parejas casadas a dar testimonio
sincero de su belleza mediante una vida de amor, alegría,
paciencia y entrega generosa.

Ayuda también a nuestras familias a demostrar fidelidad
y misericordia, a ser uno en corazón, mente y cuerpo,
aceptando a los hijos con amor como obsequios tuyos.

Cuando la vida familiar presente desafíos
o le falte paz y comprensión,
enséñanos la belleza del perdón
y a llevar las cargas los unos de los otros.

Fortalece nuestro amor para que perdure no solamente
en los triunfos, sino también en las angustias de la vida matrimonial.
Y bendice nuestros hogares y nuestras familias para que los demás
se den cuenta de que tu generosidad y fidelidad guían nuestras vidas.

Profundiza nuestra comunión en casa y con la Iglesia, para que
brille el amor en nosotros como signo vivo de esperanza eterna.

Te pedimos estas bendiciones en el nombre de Jesucristo, nuestro Señor.

Amén.

QUE BRILLE El Amor

"CELEBRANDO EL MATRIMONIO Y LA FAMILIA"

Índice

Presentación

Jesús realizó su primer milagro en una boda, convirtiendo el agua en buen vino (Juan 2,1-11), porque reconoce que el matrimonio es hermoso y merece ser celebrado. El amor conyugal representa el amor entre Jesús y su Iglesia (Efesios 5,31-32), ya que ambos cónyuges están llamados a entregar su vida el uno por el otro y juntos por sus hijos (Juan 15,13).

La enseñanza de la Iglesia católica sobre el matrimonio se basa en el ejemplo y la enseñanza de Jesús mismo en los Evangelios, iluminada aún más por la inspirada escritura de San Pablo en 1 Corintios 7 y Efesios 5. Como católicos, apreciamos la creencia de que el matrimonio sacramental es, por naturaleza: indisoluble, fiel, libremente otorgado en un acto maduro de la voluntad, exclusivo y naturalmente abierto a vida nueva como fruto de la unión en una sola carne de un hombre y una mujer. Esta enseñanza es hermosa porque es buena y verdadera, y revela el designio de Dios para la prosperidad humana, según el modelo del amor perfecto dentro de la Trinidad divina, adaptado a nuestras capacidades y anhelos humanos particulares.

En los últimos años, el matrimonio se ha visto sometido a presiones extraordinarias en todo el mundo y en todos los niveles de la sociedad. La mejor respuesta que la Iglesia, el Pueblo de Dios, puede dar a estos desafíos es apoyar a las parejas católicas en su vocación de matrimonio sacramental, permitiendo que sus relaciones prósperas se conviertan en un testimonio evangelizador del amor de Dios en Cristo.

Si bien los católicos ya se distinguen por la calidad duradera de sus compromisos matrimoniales (véase la nota 5 en la página 38), siempre hay margen para mejorar. Los obispos católicos de las 12 diócesis de California se unieron en el año pastoral 2024-25 para brindar apoyo y aliento adicionales a las parejas y familias católicas. Bajo el lema "Que Brille el Amor", invitaron a todas las familias a dejar brillar su amor en el mundo: padres de familia, abuelos, hijos, cónyuges, hermanas y hermanos.

Los obispos encomendaron al personal de la Conferencia Católica de California el desarrollo de un sitio web (www.radiatelove.info) como un centro de recursos con las mejores herramientas, programas y materiales disponibles para apoyar el desarrollo de matrimonios católicos. Además, el personal creó paquetes mensuales de recursos relacionados con temas extraídos de las lecturas dominicales. Los obispos mismos también prepararon mensajes, transmitidos por video en inglés y español. Estos recursos ayudan a las parejas, familias, parroquias y escuelas católicas a comprender la enseñanza de la Iglesia sobre la vida matrimonial sacramental, con consejos prácticos para vivirla con profundidad y constancia a lo largo de la vida.

Los materiales de este libro son fruto de estos esfuerzos. Las reflexiones, actividades, santos, oraciones, bendiciones y mensajes para las redes sociales que se encuentran aquí están dirigidos principalmente a parejas y familias. Pueden utilizarse fructíferamente para enriquecer la vida sacramental de una pareja casada, brindar apoyo y aliento a los padres de familia, guiar a una pareja que se prepara para casarse o como recordatorio de que nunca es demasiado tarde para buscar la gracia sacramental y la asistencia del Espíritu Santo para santificar una relación que ya ha superado la prueba del tiempo.

Dicho esto, este libro no es una guía completa sobre la vida matrimonial para católicos. Existen numerosos temas —conciencia de la fertilidad, FIV, violencia doméstica, salud mental y adicciones, por nombrar algunos— que no se pueden abordar adecuadamente en una reflexión de una página o en una pregunta para dialogar. El sitio web ofrece recursos adicionales sobre estos y otros temas, así como herramientas para ayudar a predicadores, catequistas, maestros y ministros juveniles en su misión de formar católicos de todas las edades para esta alta vocación (ver canon 1063).

La carta de nuestros obispos de California es un excelente punto de partida. Después, el libro puede leerse secuencialmente o en cualquier orden que les resulte lógico. Oramos para que en estas páginas descubran “odres nuevos” (Marcos 2,22) para el buen vino del amor verdadero que Jesús quiere darles, hoy y siempre, para **que brille el amor** ante el mundo en y a través de sus matrimonios prósperos y duraderos.

Carta de la Conferencia de Obispos Católicos de California

"La alegría del amor que se vive en las familias es también el júbilo de la Iglesia", proclama el papa Francisco (*Amoris Laetitia,* 1).

Por lo tanto, en honor al amor que se expresa en el matrimonio y la familia, nos unimos gozosos como sus obispos en California para presentar 'Que Brille el Amor' – una nueva iniciativa que promueve y anima el matrimonio. Ofrecemos esta iniciativa por un año al rebaño que Dios nos ha confiado, dedicándonos a celebrar y alentar el amor conyugal para que vivan plenamente la gracia del matrimonio y la vida familiar.

El matrimonio es una institución muy querida por Dios. Esta unión de una mujer y un hombre es a la vez: una expresión singular del anhelo humano por un amor constante; la fuente de nueva vida y del bien común en la sociedad, y una manera clave por la cual Dios nos comunica información vital sobre sí mismo y sobre la naturaleza humana. Esto es porque el matrimonio nos da una mirada penetrante a la identidad de Dios como comunión de Personas. Es un modelo de cómo Él nos ama y cómo debemos amarlo a Él y a nuestro prójimo.

Sin embargo, en nuestro mundo de hoy muchos desconfían del matrimonio, por lo cual está en pleno declive. En Estados Unidos, las personas pobres y marginadas lo consideran cada vez más un lujo inalcanzable. Y los lazos entre el matrimonio y el tener hijos se están rompiendo, con consecuencias desafortunadas.

Al llamar la atención a estas pérdidas y ofrecer ayuda, no estamos fomentando una nostalgia por el ayer ni intentamos imponer a la política y la sociedad exigencias religiosas. Tampoco representa una opinión de que todo el mundo debería casarse. Más bien, es una propuesta para promover la felicidad y la libertad humana, especialmente entre los grupos vulnerables. Es también una propuesta que armoniza la fe y la razón natural, que surge de los mismos impulsos serviciales mediante los cuales nuestras escuelas católicas educan a los niños, nuestros servicios sociales atienden a los pobres y nuestros ministerios de salud cuidan a los enfermos.

Casi todas las culturas a lo largo de la historia humana han apoyado las relaciones estables entre hombres y mujeres y los hijos que tienen. Eso es el matrimonio. Hoy tenemos evidencia científica, que viene de todo el espectro ideológico, que justifica esta preocupación, sin lugar a dudas. El matrimonio sustenta la felicidad humana, la estabilidad y la prosperidad. Es el entorno ideal para criar a los hijos hacia una vida adulta saludable. La inestabilidad familiar y los padres de familia ausentes o que no se involucran –especialmente los papás ausentes– están vinculados con la pobreza, la delincuencia, la educación y el empleo inadecuados y toda una serie de otros males sociales. La caída progresiva del matrimonio genera soledad entre los adultos y contribuye a la desigualdad de ingresos y oportunidades entre los distintos grupos raciales y socioeconómicos.

En efecto, los estudios recientes rechazan claramente décadas de opiniones falsas de que el matrimonio limita la libertad y la felicidad, o que el desligar el sexo, el matrimonio y el tener hijos incrementa la satisfacción romántica. Lo más preocupante es que la aceptación sin críticas de estas creencias a menudo tiene consecuencias desastrosas e imprevistas para los hijos. La Sagrada Escritura fortalece la evidencia que tenemos por razón natural. Al principio, Dios dice que "no conviene que el hombre esté solo" (Génesis 2,18). Jesús reafirma la importancia de la unidad conyugal de por vida (Mateo 19,6). San Pablo enseña que el matrimonio ofrece un acercamiento privilegiado al misterio del amor de Dios por su pueblo (Efesios 5,32). Y el Evangelio relata la advertencia de Jesús de que la manera de amar de Dios –con fidelidad y entrega que dan fruto– debe ser también la medida del amor humano al prójimo (Juan 13,34 y 15,8-17).

San Juan Pablo II llamó a la familia una "escuela de amor". Es donde un hombre y una mujer aprenden a dar y recibir los dones complementarios con los que están dotados. Es donde los miembros de la familia aprenden por primera vez a amar a esos "prójimos" muy cercanos que se encuentran en su camino –al estilo del Buen Samaritano– con paciencia, perseverancia, misericordia e incluso frente a grandes diferencias. Es así como podremos compartir este amor con quienes están fuera de la familia en la sociedad.

En palabras del Papa Francisco, la complementariedad en el matrimonio y la vida familiar "no sólo es un bien, sino que es también belleza". Responde al anhelo humano de un amor duradero; es una bendición para los niños vulnerables, la base de una sociedad sana, un motor de libertad e igualdad social y un regalo preciosísimo de Dios a la raza humana.

Tomando todo esto en cuenta, la Iglesia católica en California se compromete a redoblar sus esfuerzos para alentar, celebrar y acompañar a los matrimonios y novios a través de nuestra iniciativa *Que Brille el Amor.* Invitamos a las parejas católicas de cualquier edad o situación a involucrarse en su parroquia y visitar la página de internet frecuentemente en los próximos doce meses. Allí encontrarán material y sugerencias para llevar lo mejor de sí mismos y la alegría de la gracia del Señor a su relación y vida familiar, así como Jesús ofreció vino bueno en la Boda de Caná. Favor de aceptar esta iniciativa como nuestro regalo de esperanza para el matrimonio y la vida familiar.

Que Dios todopoderoso los bendiga y guarde para siempre,

Los Obispos Católicos de California

El 26 de julio de 2024 – La Fiesta de los Santos Joaquín y Ana

Cardenal Robert W. McElroy
Diócesis de San Diego

Arzobispo José H. Gomez
Arquidiócesis de Los Ángeles

Arzobispo Salvatore J. Cordileone
Arquidiócesis de San Francisco

Obispo Joseph V. Brennan
Diócesis de Fresno

Obispo Daniel E. Garcia
Diócesis de Monterey

Obispo Michael C. Barber SJ
Diócesis de Oakland

Obispo Kevin W. Vann
Diócesis de Orange

Obispo Jaime Soto
Diócesis de Sacramento

Obispo Alberto Rojas
Diócesis de San Bernardino

Obispo Oscar Cantú
Diócesis de San José

Obispo Robert F. Vasa
Diócesis de Santa Rosa

Obispo Myron J. Cotta
Diócesis de Stockton

Que Brille El Amor

radiatelove.info

Reflexiones y actividades para la vida matrimonial

Celebrando el matrimonio y la familia

"Muchos jóvenes... necesitan en realidad a alguien que les muestre de manera concreta y comprensible, sobre todo con el ejemplo de vida, qué es el don de la gracia sacramental y qué fuerza proviene de él; que les ayude a comprender la belleza y la grandeza de la vocación al amor y al servicio de la vida que Dios da a los esposos". – **Papa León XIV, 28 de mayo de 2025**

En lo más profundo de nuestro corazón, todos queremos ser vistos y conocidos, queremos amar y ser amados. El matrimonio es un regalo radiante de Dios que cumple este deseo profundo. Si bien no todos están llamados al matrimonio, esta vocación es una manera integral y significativa de realizar el anhelo de nuestro corazón.

Como seres humanos, utilizamos rituales para expresar intenciones y sentimientos que las meras palabras no captan adecuadamente. Celebramos *baby showers* y graduaciones, funerales y entierros para marcar el tiempo y los ritos de paso. Asimismo, el intercambio de votos y anillos en una boda revela un compromiso profundo y una promesa importante. A través de ellos profesamos: "Me entrego a ti libremente y sin reservas. Prometo serte fiel. Y te acepto en tu totalidad, con defectos y todo". Es romántico. Es auténtico. Es una aventura que seguramente tendrá altibajos, pero promete a los cónyuges la seguridad íntima que surge de la confianza y el compromiso de por vida.

En el diseño magnífico de Dios, el matrimonio toma en cuenta nuestra salud y bienestar. Las personas casadas son más felices, más saludables y más realizadas que sus compañeros solteros, y sus hijos suelen desenvolverse mejor a nivel social, emocional y académico que los hijos de padres no casados.[1] ¡El matrimonio es verdaderamente bueno para los esposos, las familias y la sociedad entera!

Pero no se confundan, el matrimonio a veces sí puede resultar difícil. Aún puede ser complicado encontrar la pareja adecuada de por vida. Las presiones relacionales, económicas y culturales afectan a personas solteras y casadas por igual, y muchos cargamos heridas de relaciones rotas, divorcios o experiencias traumáticas. Pero cuando un matrimonio es capaz de superar la prueba del tiempo, es hermoso, transformador y, en última instancia, nos ayuda a transformarnos en la mejor versión de nosotros mismos. Por eso lo llamamos una vocación: es un gran llamado y un camino de santidad que nos humaniza más plenamente.

Jesús decidió iniciar su ministerio público al festejar el matrimonio de sus amigos en las Bodas de Caná. No fue una casualidad. El Señor quiso mostrarnos cuán importante es la vocación del matrimonio ante los ojos de Dios. Dios Todopoderoso sigue bendiciendo a sus hijos con el llamado al Sacramento del Matrimonio para que brille más intensamente en ellos el amor de Dios para el bien de un mundo que sufre tanta necesidad de tal testimonio.

Intercesiones

Señor Jesús, envía tu Espíritu para guiar y animar a todas las parejas casadas. Que siempre se aferren el uno al otro en las alegrías y las tristezas de la vida, y que encuentren juntos el crecimiento y sanación que necesitan para que brille el amor perfecto de Dios como fuente, ejemplo y destino final de su amor mutuo.

Dios de amor, rodea a los jóvenes de nuestra red de amigos y familiares con modelos vivos de matrimonios y padres de familia sanos y reales para inspirar en ellos una esperanza viva de un amor comprometido, fiel y duradero, arraigado en el amor de Cristo.

Actividades para parejas y familias

El amor de Dios en Jesucristo invita a los matrimonios a dar testimonio alegre de la bondad y la belleza de la vida matrimonial, para que digan las parejas jóvenes: “Quiero lo que ellos tienen”. No es fácil estar a la altura de ese llamado. Únanse en oración como pareja para reconocer ante Dios las veces que han fallado, luego repitan juntos las palabras del leproso del Evangelio: “Si quieres, puedes purificarme” (Marcos 1,40).

El Matrimonio: La multiplicación del amor

"El amor que no crece comienza a correr riesgos, y sólo podemos crecer respondiendo a la gracia divina con más actos de amor, con actos de cariño más frecuentes, más intensos, más generosos, más tiernos, más alegres". – **Papa Francisco, *Amoris Laetitia*, 134**

A lo largo de su ministerio, Jesús atrajo a un grupo de seguidores compuesto por trabajadores, pobres, marginados, pecadores y personas que buscaban una sanación espiritual, física o emocional. Con signos grandes y pequeños, los preparó para la Buena Nueva del Padre: "¡Son amados! Los creé por amor y para amar, porque yo soy Amor". En su Pasión reveló plenamente la profundidad de su amor al ofrecer su vida para liberarnos del pecado, abriendo así la puerta a la salvación eterna.

Vislumbramos este amor en el sexto capítulo del Evangelio de San Juan (Juan 6,1-14). Jesús vio la necesidad de sus seguidores —de que tenían hambre— y respondió con amor misericordioso. Tomando los escasos dones que había traído un joven, hizo una ofrenda de acción de gracias y los multiplicó para saciar el hambre de la multitud. Esta alimentación milagrosa fue una previsión de la ofrenda que Jesús haría de su propio cuerpo bajo la apariencia de pan y vino en la Última Cena. En aquel momento anunció: "¡He deseado ardientemente comer esta Pascua con ustedes!" (Lucas 22,15) Estaba expresando su anhelo de dar su vida, su cuerpo, su todo a nosotros, la Iglesia.

Para nosotros como católicos, esta es también la clave para vivir el *Sacramento* del Matrimonio. Cada vez que sentimos que nuestros dones no alcanzan, Jesús simplemente dice: "Muéstrame lo que tienes". Por este hermoso sacramento, como marido y mujer ponemos nuestra vida, nuestro cuerpo, nuestro todo en manos del Señor. Dios toma nuestros dones, los bendice como los panes y los pescados, y multiplica el amor conyugal de la pareja —a través de la hospitalidad, de los hijos que Dios nos da y de nuestro testimonio vivo del amor abnegado de Dios— para que brille el amor en todo el mundo.

Intercesiones

Pedimos por todas las madres y padres de hijos recién nacidos o por nacer. Señor, anímalos a asumir sus responsabilidades como padres de familia, llamados a ser testigos de la multiplicación del amor de Dios en sus vidas.

Dios de los que tienen roto el corazón, bendice a todos los padres de familia cuyas circunstancias de vida los han dejado sin cónyuge. Concede que experimenten la cercanía de familia, de la comunidad y de tu amor tierno para saber siempre que no caminan solos.

Actividades para parejas y familias

1. Los dones que Dios nos ha dado no son solo para nosotros, ¡sino para compartirlos! Dediquen un tiempo para conversar en familia sobre las bendiciones que han recibido y que podrían beneficiar a los demás. Luego, inscríbanse como voluntarios o realicen obras de misericordia en su comunidad. ¡Mejor aún si pueden hacerlo en pareja o en familia!

2. Si sus hijos son adolescentes o jóvenes, siempre es un buen momento para enseñarles sobre la abogacía social y el bien común. Comuníquense con su oficina diocesana para la vida, la justicia y la paz o con su conferencia católica estatal para obtener más información sobre las situaciones o proyectos de ley actuales que requieren una acción y para informarse sobre cómo pueden ayudar.

¿Quién lleva la cuenta?

"Cristo permanece con ellos, les da la fuerza de seguirle tomando su cruz, de levantarse después de sus caídas, de perdonarse mutuamente, de llevar unos las cargas de los otros (cf Ga 6,2), de estar 'sometidos unos a otros en el temor de Cristo' (Ef 5,21) y de amarse con un amor sobrenatural, delicado y fecundo". – ***Catecismo de la Iglesia Católica*, 1642**

El lema de la Infantería de Marina de Estados Unidos es *Semper Fidelis:* siempre fiel. Nunca dejan a nadie atrás, hasta el punto de dar la vida unos por otros. Sirven dispuestos a sacrificarlo todo sin contar el costo. De manera similar en el matrimonio, cada cónyuge está llamado a sacrificarse, poniendo las necesidades del otro por encima de las propias. Por eso, San Pablo invita a los esposos: "sométanse los unos a los otros" (Efesios 5,21). El amor no retiene nada, ni hoy ni en el futuro.

Aunque puede ser difícil vivir esto, cuando uno de los cónyuges tiene dificultades, el otro toma el relevo por amor. Las parejas están llamadas a un amor sacrificial como Jesús, porque el amor no lleva la cuenta. La pareja se sacrifica por su matrimonio porque están mejor juntos, unidos por el respeto y la confianza mutuos. De esta manera, la pareja encarna el amor de Cristo y de su Iglesia y se convierte en imagen del amor de Dios en la tierra.

El matrimonio es una alianza. Dos personas se unen como una sola, creando un sentido de "nosotros" que es mayor que cada una de ellas por separado. En vez de una división 50/50 en la crianza de los hijos, las tareas domésticas y las finanzas, es un arreglo de 100/100 en donde cada uno lo da todo por el otro y por la familia. Entonces, cuando el dinero escasee, las noches sean largas o los horarios sean estresantes, no lleve la cuenta. Más bien, deje que Jesús en la cruz le muestre cómo amar sin contar el costo.

Intercesiones

Dios de bondad, bendice a todos los matrimonios, para que den testimonio de la verdad y la belleza de tu designio para el amor conyugal, convirtiéndose en instrumentos para la conversión de los demás.

Padre amoroso, bendice a nuestra familia, para que se fortalezca en su compromiso de formar un hogar de servicio a ti, al servirnos unos a otros y a la comunidad, especialmente a aquellos que sufren o que pasan necesidad.

Actividades para parejas y familias

1. Observar y comentar las buenas acciones de los demás miembros de la familia fortalece la autoestima, el amor mutuo y el sentido de pertenencia. Al menos una vez a la semana, dediquen un momento en familia para nombrar y apreciar algún acto de amor o servicio que alguien hizo por ustedes durante la semana.

2. Si les cuesta identificar acciones que apreciar, ¡podría ser hora de renovar las virtudes familiares! Desarrollen el hábito (o tómenlo como un reto) de hacer algo bueno cada día por un miembro de la familia sin que lo pidan.

Los Hijos: Un regalo inesperado

"Los hijos son un don. Cada uno es único e irrepetible... Se ama a un hijo porque es hijo, no porque es hermoso o porque es de una o de otra manera; no, porque es hijo. No porque piensa como yo o encarna mis deseos. Un hijo es un hijo". – **Papa Francisco, *Amoris Laetitia*, 170**

Quedan pocas sorpresas verdaderas en nuestro mundo de hoy, estructurado para dar la gratificación instantánea. Tenemos información ilimitada a nuestro alcance, comunicación constante, internet de alta velocidad y envíos en el mismo día. Pero todavía hay una cosa que sigue siendo un misterio: el dar la bienvenida a un hijo o hija en nuestros corazones y en nuestros hogares.

Cada vez que un hijo llega al mundo, es una oportunidad para celebrar la recepción de un regalo inesperado. A veces los hijos llegan antes de que estemos listos. A veces llegan cuando pensábamos que nuestra familia estaba completa. A veces un hijo llega exactamente cuando lo habíamos planeado, pero se presenta con necesidades inesperadas, cualidades sorprendentes o habilidades especiales que exigen nuestra atención y cuidado. Algunos hijos nos llegan por adopción, acogida o como ahijados. A veces nos dejan demasiado pronto. Y para algunos, no aparece ningún hijo, aunque los deseemos mucho.

No importa cómo ni cuándo lleguen, los hijos son siempre un verdadero regalo de Dios. Desde el primer momento de su existencia, cada uno es una persona única e irrepetible con un destino eterno, llamado a ser hijo o hija de Dios por el Bautismo. El acoger y amar a un hijo, ayudarlo a crecer en la fe y sabiduría, es un acto de gran esperanza. Al llegar a casa por primera vez con nuestro recién nacido en brazos, nos enfrentamos a una vida completamente nueva, una nueva forma de vivir para otro.

No todos están llamados a ser padres. Pero para la gran mayoría de nosotros, la crianza de los hijos es nuestro camino para lograr la salvación. ¡Cada hijo que se nos ha confiado también cuenta con nosotros para ayudarlo a llegar al cielo! Al recibir este llamado, nuestro acto de esperanza extraordinaria tiene el poder de transformarnos a través del amor desinteresado, el cuidado tierno, la alegría profunda y sueños renovados, para llegar a ser cada vez más como nuestro Padre celestial. No nos debe sorprender que Jesús nos diga: "El que reciba en mi nombre a uno de estos niños, a mí me recibe" (Marcos 9,37). ¡Amén! ¡Gracias a Dios!!

Intercesiones

Señor de la vida, bendice a las madres y a los padres que han celebrado el nacimiento reciente de un hijo. Concédeles todo lo necesario para propiciar el crecimiento físico, emocional y espiritual de su hijo o hija.

Señor Jesús, que anhelas recibir a todos los niños en el Bautismo, danos las palabras adecuadas para animar a nuestros seres queridos que aún no han bautizado a sus hijos. Permite que sus pequeños vengan a ti y reciban tu amor misericordioso en los sacramentos.

Actividades para parejas y familias

1. La belleza de la buena creación de Dios está por doquiera, pero a menudo no nos tomamos el tiempo de reconocerla, nombrarla y apreciarla. Organicen una caminata ecológica o pícnic con la familia, con el propósito de discernir las huellas de Dios en su obra de la creación.

2. Preparen una comida en familia, asegurándose de que todos puedan aportar algo, hasta los más pequeños. Luego den gracias a Dios por el don de la comida y las manos que la prepararon.

La aventura del compromiso

"Quien no se decide a querer para siempre, es difícil que pueda amar de veras un solo día. El amor verdadero —a semejanza de Cristo— supone plena donación... busca siempre el bien del amado". – **San Juan Pablo II, 8 de abril de 1987**

¿Ha visto a escaladores o alpinistas atar una cuerda a su compañero de escalada? Al ascender a la cima, los escaladores confían sus vidas a la otra persona, cada uno utilizando su fuerza para subir al otro. Del mismo modo, los esposos "atan el nudo" del matrimonio para poder atravesar juntos los picos y valles de la vida.

Nadie sabe cómo será su cónyuge dentro de cinco, veinte o cincuenta años. Tal vez se enfrenten a problemas de salud, a la pérdida de un empleo, a un duelo o a otros grandes retos. Tal vez les siga gustando cocinar, pero hayan desarrollado una pasión por un nuevo equipo deportivo o un talento para el baile. La aventura viene de decir un sí rotundo *a la persona,* a un amor que no se guarda nada para sí mismo y que no puede evitar decir "para siempre". ¿Qué puede haber más romántico que eso?

La sagrada escritura describe a Dios creando al hombre y a la mujer como complementarios (Génesis 2,18-24), hechos el uno para el otro. Cuando una mujer y un hombre libremente deciden casarse, cada uno revela una forma diferente de ser humano a través de su masculinidad y su feminidad. El marido y la mujer ofrecen la totalidad de los dones que han recibido de Dios, y Dios los bendice para que lleguen a ser más que cualquiera de ellos por separado.

Jesús dice en el Evangelio: "Que el hombre no separe lo que Dios ha unido" (Marcos 10,9). Afirma que el matrimonio es fiel y no se aparta, es exclusivo del cónyuge y es indisoluble, un vínculo irrompible. Estas verdades son dones de Dios que reflejan el compromiso de amor que se encuentra en el matrimonio.[2]

C.S. Lewis, el gran autor del siglo XX, escribió: "Amar en absoluto es ser vulnerable". Tu aventura sigue un camino desconocido, pero el viaje merece el riesgo. Dios te dará compañeros de escalada a lo largo del camino, y estaciones de paso cuando necesites apoyo y recursos. Juntos, se ayudarán mutuamente a alcanzar la cima, subiendo al cielo hombro con hombro.

Intercesiones

Señor de la vida, bendice las esperanzas y fortalece el compromiso de las parejas jóvenes que se esfuerzan por construir una vida en común. Llévalas a demostrar de palabra y obra su amor y cariño mutuo cada día.

Dios, nuestra fuerza, acércate a los matrimonios cuyo camino juntos está siendo puesto a prueba por un camino pedregoso, para que encuentren confianza para apoyarse mutuamente en sus dificultades y para que cuenten con el apoyo de la comunidad de fe.

Actividades para parejas y familias

1. Todo matrimonio pasa por altibajos. Tomen tiempo como pareja para recordar momentos de alegría juntos en el último año, y para identificar maneras sencillas pero significativas de prepararse para vivir mejor la próxima etapa de su vida conyugal.

2. Visiten —o inviten a cenar— a una pareja entre sus parientes y amigos que lleve mucho tiempo casada. Pregúntenles "¿cuál es su secreto para permanecer juntos?" Animen a sus hijos a preguntar sobre las alegrías de su vida matrimonial y cómo superaron juntos los momentos difíciles.

¿Qué cuesta el amor?

"El matrimonio basado en un amor exclusivo y definitivo se convierte en el icono de la relación de Dios con su pueblo y, viceversa, el modo de amar de Dios se convierte en la medida del amor humano". – **Papa Benedicto XVI, *Deus Caritas Est*, 11**

En el Día de los Veteranos, honramos el servicio generoso de nuestros hombres y mujeres militares que han hecho sacrificios personales para asegurar y mantener nuestras preciadas libertades aquí y en el extranjero. Su ejemplo nos enseña a todos que la verdadera libertad siempre tiene un precio que no puede medirse en términos monetarios.

Nuestra cultura nos enseña que la libertad significa poder hacer lo que queramos, cuando queramos y tanto como queramos, libres de juicios o limitaciones impuestas por cualquier persona, institución o política gubernamental. Pero formar parte de una familia —ya sea en casa o en nuestra familia de fe— nos recuerda que nuestras decisiones repercuten en la vida de quienes nos rodean, para bien o para mal.

Esto no es malo. Nos ayuda a asimilar la parábola de Jesús sobre la viuda que dio sus dos últimas monedas (Marcos 12,38-44). Como ella, nuestra mayor libertad se encuentra cuando damos de nosotros mismos generosamente en beneficio de los demás, aunque hacerlo suponga un gran sacrificio personal. En el fondo, se trata de una enseñanza sobre la naturaleza del amor de Dios. Jesús, el Hijo de Dios que literalmente lo tenía todo a su disposición, es la viuda que abrazó la pobreza mundana y por amor no se guardó nada para sí misma. San Pablo describe esto como un acto deliberado de Jesús de despojamiento y obediencia (Filipenses 2,3-11).

Para la mayoría de nosotros, la vida en el hogar es el escenario en el que aprendemos a vivir y dar como lo hizo Jesús. No hace falta ser rico para sacrificarse con amor por los demás. Jesús es nuestra abundancia, y su ejemplo —animado en nosotros por el Espíritu Santo— nos permite dar libremente la vida por los demás (Juan 15,13), empezando por los de la casa. Ahí radica nuestra mayor felicidad. ¡Ojalá seamos tan bendecidos como para abrazar y vivir una vida de amor, cueste lo que cueste!

Intercesiones

Oh Divina Providencia, pedimos por las parejas cuyos sueños de matrimonio e hijos parecen ser bloqueados por las finanzas. Bendice sus esfuerzos y abre puertas para ayudarlos a construir una vida juntos como familia.

Luz de las Naciones, pedimos por todos nosotros los llamados en el Bautismo a seguir a Cristo hasta los confines de la tierra. Que el ejemplo de su amor abundante nos lleve a responder generosamente a los necesitados.

Actividades para parejas y familias

1. Jesús nos recuerda que debemos tener la sencillez de los niños para entrar en el Reino de los Cielos (Mateo 18,1-3). Tomando en serio ese mensaje, el sitio web *Desde la Fe* ofrece una colección de *Juegos de Mesa*[3] gratuitos para la familia católica. ¡Descárguenlos y vean qué tan divertido puede ser el crecer en la fe con sus hijos!

2. En su próxima fiesta familiar, planifiquen con anticipación para que todos, incluso los niños más pequeños, puedan compartir con la familia y los invitados algo que les salga del corazón. Puede ser un platillo, un poema, una canción, un juego, un dibujo... ¡Sean creativos! ¡Todas las personas han sido bendecidas por Dios con dones, y el compartir esos regalos para el bien de los demás es una manera hermosa de mostrar nuestra gratitud a Dios!

Su misión, si decide aceptarla...

"Los esposos, en efecto, en virtud del sacramento, son investidos de una auténtica misión, para que puedan hacer visible, a partir de las cosas sencillas, ordinarias, el amor con el que Cristo ama a su Iglesia". – **Papa Francisco, 2 de abril de 2014**

Al final del Evangelio de Mateo, Jesús reunió a sus discípulos y les dio la Gran Encomienda: vayan y hagan discípulos de todas las naciones (Mateo 28,19). Las familias tienen un papel particular que desempeñar: ¡vayan y hagan discípulos de su cónyuge y de todos sus hijos! Hay que reconocer que la misión de la familia no es para los débiles de corazón. Conlleva sacrificios y, a veces, angustias, pero todo ello está diseñado para que los cónyuges se unan más y avancen por el camino de la santidad. Cuando los esposos aceptan el reto de la vida matrimonial, sus vidas construyen una comunidad de amor y hacen que brille el amor en el mundo.

El fundamento de la familia es el amor. San Juan Pablo II llegó a llamar a las familias "escuelas de amor". En las familias, los esposos se casan por amor, y luego ven cómo su amor se profundiza a través de los innumerables buenos momentos y desafíos de toda una vida de matrimonio, siempre y cuando estén dispuestos a aceptar el desafío. ¡Los cónyuges tienen la misión única de ayudarse mutuamente a llegar al cielo!

Aceptar el reto adicional de acoger a los niños profundiza nuestra comprensión de nuestros propios dones y de nuestra dependencia de Dios. Los padres de familia tienen la tarea de enseñar a sus hijos a ser humanos. ¡Qué concepto! A través de la familia, la escuela del amor, los niños aprenden lo más importante: que son hijos amados de Dios, destinados a estar con Él para siempre en el cielo. Nuestro mundo actual está lleno de ruido y distracciones; los jóvenes se sienten a menudo sin propósito, desorientados. ¡La misión de la familia es ahora más necesaria que nunca!

La luz de esta misión —de hacer discípulos en nuestras propias familias— brilla mucho más allá de las paredes de nuestros hogares. Las familias, llenas del amor de Jesús y del amor mutuo, invitan a otros a experimentar el amor y a comprender su propio propósito. Si decide aceptarla, ¡la misión le cambiará a usted y transformará al mundo!

Intercesiones

Sagrada Familia —Jesús, María y José— pedimos por los padres de familia con hijos pequeños. Ayúdalos a modelar la alegría, la paciencia y la esperanza duradera en estos primeros años de vida.

Pedimos también por los padres de familia con hijos adolescentes. Permite que, como Nuestra Señora y San José, reciban gracia, paciencia y comprensión al guiar a sus hijos hacia la madurez adulta.

Actividades para parejas y familias

1. En el Evangelio de San Lucas, Jesús les pregunta a sus padres: "¿No sabían que debo ocuparme de los asuntos de mi Padre?" (Lucas 2,49). Al igual que Jesús, cada hijo de Dios debe sentirse en casa en el templo parroquial. Hagan una visita familiar al templo fuera de la Misa y expliquen a sus hijos todo lo que ven y para qué sirve. Si no saben cómo se llama un artículo sagrado o cómo se usa, busquen en línea[4] o pregunten en la oficina parroquial.

2. Aprovechen los descansos escolares o los momentos especiales del año litúrgico —tales como la Cuaresma, la Pascua, el Adviento y la Navidad— para orar, rendir culto y servir al Señor juntos. Revisen el boletín de su parroquia para conocer las oportunidades especiales de oración y servicio, luego hagan planes para participar en ellas como familia.

¡Hagamos un brindis!

"El Espíritu Santo es quien sigue realizando, en el plano espiritual, el milagro que Jesús realizó en aquella ocasión, a saber, cambiar el agua de la costumbre en una nueva alegría de estar juntos". – **Papa Francisco, 23 de octubre de 2024**

Cuando una pareja joven se enamora, la fascinación que sienten el uno por el otro parece no tener límites. Quieren conocer cada detalle de los pensamientos, experiencias y sueños del otro. A medida que su amor crece, todo lo que quisieron antes se convierte en negociable para dar espacio al gran tesoro que han encontrado el uno en el otro. La alegría que comparten es como el "vino nuevo" que se sirvió generosamente a los invitados en las bodas de Caná.

Con el paso del tiempo, las presiones de criar a los hijos, hacer frente a los gastos y la rutina de la vida diaria se imponen, dejando a veces a la pareja preguntándose: "¿qué ha pasado con nuestro vino?" En Caná, el corazón amoroso de nuestra Madre se dio cuenta de que se les había acabado el vino. Ante este dilema, el corazón de Jesús también se compadeció. Convirtió el agua en el mejor vino, para que la alegría de aquel día especial de la pareja pudiera celebrarse plenamente.

La gracia que Jesús sigue ofreciendo a las parejas en el Sacramento del Matrimonio es el don de la *vida en abundancia* (Juan 10,10) a través de una alianza de amor que dura toda la vida. Es un llamado diario a los esposos a dar la vida el uno por el otro (Juan 15,13), descubriendo la alegría divina que brota como el "mejor vino". No debería sorprender a nadie que, entre los cristianos que asisten regularmente a la iglesia, los católicos tengan, con mucho, el índice más bajo de divorcios.[5] La gracia sacramental se basa en el arduo trabajo de hacer una vida juntos... un recordatorio constante de volver juntos a la fuente de nuestra alegría en Cristo. ¿Quién no quiere más del "mejor vino" en su matrimonio? ¡Hagamos un brindis por la bondad del Señor!

Intercesiones

Jesús, Buen Pastor, bendice a nuestra parroquia para que, como familia de familias, fomentemos una celebración renovada del don del matrimonio y de la familia, y alentemos a todos a celebrar la belleza de este sacramento.

Dios, Padre nuestro, pedimos por todas las personas cuyo profundo deseo de amar y ser amadas en la vocación del matrimonio no se ha cumplido. Concédelas fortaleza, paciencia y confianza en que sus vidas ya son fecundas en amor al colaborar generosamente con tu Espíritu Santo cada día.

Actividades para parejas y familias

1. Llena la copa de tu cónyuge con el "mejor vino". Sabes qué actividades o detalles de amor le alegran la vida. También conoces sus cargas, las cosas que le quitan energía. Hazle algo especial que le brinde alegría o le alivie la carga. Luego repite esto lo más frecuente posible.

2. Muestren a sus hijos —a través de acciones, palabras o ambas— que el amor se expresa de muchas maneras y que hay alegría en dar y recibir muestras de afecto, cuidado y servicio amoroso.

3. Reflexionen un momento sobre la pregunta: ¿En qué medida estoy ofreciendo lo mejor de mí en el tiempo que paso con mi cónyuge y mis hijos? Comparte con humildad y honestidad tus ideas con tu cónyuge sin criticarlo de ninguna manera, luego analicen juntos: ¿Cómo podemos estar más abiertos a que Dios transforme nuestro vino común en el mejor vino?

¡El matrimonio es un viaje y Dios tiene el mapa!

"Dios que ha creado al hombre por amor, lo ha llamado también al amor, vocación fundamental e innata de todo ser humano... Habiéndolos creado Dios hombre y mujer, el amor mutuo entre ellos se convierte en imagen del amor absoluto e indefectible con que Dios ama al hombre". – ***Catecismo de la Iglesia Católica*, 1604**

Los pianistas dotados o los cirujanos pediátricos brillantes hablan de su profesión como un llamado, una atracción profunda en sus corazones que sólo ésta puede satisfacer. Es maravilloso tener una carrera o una pasión que sea una vocación, pero de una manera más profunda, el matrimonio es una Vocación, un llamado que Dios pone en el corazón de uno, y un camino de amor que cada persona cumple a su manera.

En el Sacramento del Matrimonio, los esposos siguen el "camino" de Jesús (Juan 14,6), haciendo una entrega generosa e irrevocable de sí mismos. El teólogo del siglo XX Hans Urs Von Balthasar escribió: "La forma interna del amor es un voto". En otras palabras, el amor auténtico es total y para siempre. Mediante sus votos, las parejas reciben la gracia de vivir su gran llamado. Su vida en Cristo se desarrolla, y por su gracia se convierten en la mejor versión de sí mismos. De hecho, ¡las personas casadas y sus hijos son más propensos a asistir a la iglesia y disfrutar de una mejor salud, bienestar económico, satisfacción en la vida y felicidad que sus semejantes no casados!

La entrega de sí mismo puede parecer especialmente arriesgado en una cultura egocéntrica. Pero Dios tiene un plan para la vida de cada persona que incluye una vocación específica y personalizada. El plan de Dios hace que la aventura y el riesgo valgan la pena. Los jóvenes deberían orar: "Dios, ¿me estás llamando al matrimonio?". La vocación matrimonial exige discernimiento y preparación desde la juventud, aprendiendo a entregarse mediante el servicio, la abnegación, las obras de misericordia, y eligiendo amar especialmente cuando es difícil.

Si están casados, agradezcan a Dios el don del matrimonio. Sean testigos de la belleza del matrimonio al salir en pareja, hablar de su matrimonio con sus hijos y mostrar al mundo que esta vocación es verdaderamente una peregrinación de fe y esperanza en el amor, ¡porque Dios tiene el mapa!

Intercesiones

Dios fiel, te pedimos por todos los matrimonios que este año celebran un aniversario de boda importante, para que sigan viviendo su vocación de amor como testimonio para sus familias y para el mundo de tu amor fiel, fecundo y sempiterno.

Padre misericordioso y generoso, pedimos por las parejas comprometidas, para que dediquen tiempo, en medio del ajetreo de la planificación del día de su boda, para preparar sus corazones para el Sacramento del Matrimonio.

Pedimos por todos los que disciernen la vocación al matrimonio, para que reconozcan al Espíritu Santo obrando en sus corazones y respondan generosamente al llamado de Dios.

Actividades para parejas y familias

1. Planifica una salida romántica con tu pareja, ¡porque sí! Lo importante es priorizar el tiempo de calidad juntos, demostrando que valoran estar juntos con una chispa de espontaneidad.

2. Si tienen hijos jóvenes que aún no están casados, muéstrenles la película *The Dating Project* (trailer o película disponible con subtítulos en YouTube) o la serie *Humanum* (con subtítulos).

3. Si tienen hijos más pequeños, ayúdenlos a comprender que el amor adopta muchas formas: la amistad, el amor fraterno en la familia, el amor romántico y el amor de Dios que supera a todos los demás amores.

Una dosis de humildad

"Al cónyuge no se le exige que sea perfecto. Hay que dejar a un lado las ilusiones y aceptarlo como es: inacabado, llamado a crecer, en proceso". – **Papa Francisco, *Amoris Laetitia*, 218**

Toda relación matrimonial pasa por etapas y cada pareja tiene que encontrar su propia manera de atravesar las tormentas que puedan surgir. Antes de que empiecen las tormentas, los hábitos virtuosos ayudan a formar los cimientos del amor y el cuidado en cualquier familia. El Papa Francisco decía que junto a "por favor" y "gracias", una frase esencial para la vida familiar es: "lo siento". Asumir nuestros errores y tratar de mejorar es difícil, pero se hace más fácil con la ayuda de Dios al formar el hábito del perdón.

La vida familiar nos enseña a ser humildes, a ser conscientes de nuestras faltas y de las cosas en las que todos tenemos que trabajar, como la comunicación, el afecto, la empatía y dar prioridad a las necesidades del otro. Saber cuándo y cómo emplear estas virtudes requiere tiempo y práctica, con la voluntad de perdonar y alentar cuando se cometen errores. Jesús nos recuerda que debemos tomar una dosis de humildad siempre que sea necesario: "Saca primero la viga de tu ojo, y entonces verás claro para sacar la paja del ojo de tu hermano" (Lucas 6,42).

Jesús continúa diciendo que todo árbol se conoce por los frutos que produce. En su divina sabiduría, Dios invita a las parejas a profundizar en sus raíces, podar las ramas secas y crecer a través de cualquier terreno pedregoso para producir el mejor fruto. La vulnerabilidad mutua y el respeto en medio de las diferencias son las claves de un amor más profundo y duradero. Cuando llega el momento de dar y recibir humildemente el perdón, el Espíritu Santo derrama la gracia sobre nuestra voluntad para que podamos crecer en santidad y amor. Los modelos sanos de parejas compañeras dan testimonio de cómo vivir con humildad y misericordia, y la Iglesia está preparada con una variedad de ministerios y recursos para ayudar a todo matrimonio a crecer juntos. ¡No duden en aprovecharlos!

Intercesiones

Padre compasivo, pedimos por todos los que se ven afectados por problemas de salud mental. Bendícelos con tu gracia y consuelo, y deja que los católicos de todo el mundo los acompañemos y apoyemos al promover el bienestar mental y espiritual.

Señor santo, pedimos por todas las familias, para que, con su amor y generosidad mutua, fomenten las vocaciones al sacerdocio, a la vida religiosa, al matrimonio y al ministerio eclesial laical.

Señor Jesucristo, pedimos por todos los matrimonios. Ayúdalos a comprender los dones del sacrificio y del perdón a medida que crecen en su amor el uno por el otro.

Actividades para parejas y familias

1. Recen con sus hijos antes de acostarse, preguntando en un espíritu de humilde honestidad sobre cómo les fue durante el día: ¿Qué bendiciones recibieron hoy? ¿Amaron bien a los demás? ¿Qué podrían haber hecho mejor?

2. Platiquen con sus hijos adolescentes sobre los valores y las prácticas que son importantes. Pregúntenles: ¿Qué tipo de persona quieren ser cuando sean adultos? Compartan cómo la humildad y el perdón les han ayudado a mantener relaciones importantes a lo largo de la vida.

3. La Cuaresma es una temporada de sacrificios para el crecimiento espiritual, pero los sacrificios siempre son beneficiosos. Este año, prioricen los sacrificios que pueden hacer por el bien de su cónyuge.

¡Amar es un verbo!

"Con una ayuda adecuada y con la acción de reconciliación de la gracia, un gran porcentaje de crisis matrimoniales se superan de manera satisfactoria. Saber perdonar y sentirse perdonados es una experiencia fundamental en la vida familiar".
– Papa Francisco, *Amoris Laetitia*, 236

¿Alguna vez ha observado atentamente las caras de los novios el día de su boda? Están llenos de asombro y esperanza, imaginando toda una vida de alegría y amor por venir. ¡Exactamente como debe ser! ¿Y las caras de los esposos que celebran su 50 aniversario de boda? La mirada que comparten es de complicidad, llena de recuerdos compartidos, heridas pasadas, alegrías inesperadas y el gran privilegio de ser conocidos y amados profundamente. Para pasar de la primera mirada a esta última se requiere un compromiso que no sea un capricho pasajero o una emoción cambiante. Jesús nos enseñó a reconciliarnos con quienes hemos ofendido (Mateo 5,24) y a perdonar siempre a quienes nos han ofendido (Lucas 6,37). Pedir perdón con regularidad en realidad profundiza nuestro amor.

Amar, con un amor verdadero, es un verbo. Amar es la decisión que se toma cada día, a veces cada minuto, para anteponer activamente las necesidades del ser amado a las propias. Esto no es fácil, pero como cristianos, encontramos en la Sagrada Escritura nuestra inspiración para el amor conyugal. El amor entre marido y mujer nos remite al amor entre Jesús y su Iglesia, el Pueblo de Dios. Jesús da su vida por cada uno de nosotros, y sus últimas palabras en la cruz fueron para pedir perdón por los que le dieron muerte.

A la mayoría de nosotros nunca nos pedirán que demos la vida por nuestros cónyuges. Pero en los momentos difíciles, ¡a veces lo parece! Los pequeños desaires y el dolor no expresado pueden producir resentimiento, ¡y podemos llegar a preguntarnos qué es lo que nos parecía tan encantador de nuestros cónyuges en un principio! El Salmo 126 tiene la clave. Los Israelitas claman: "¡Grandes cosas hizo el Señor por nosotros!", a pesar de que acababan de pasar décadas en el exilio, lejos de su tierra prometida. Si alguna vez se siente abandonado, solo o desatendido en el matrimonio, vuelva a esta cita del Salmo para reafirmarse en el amor constante de Dios. Luego, aborden sus dificultades juntos con paciencia y amabilidad, pidiendo perdón mutuo. Si es necesario, busquen la ayuda de un consejero católico. El resultado será que ambos verán las maravillas nuevas que el Señor puede hacer por ustedes cuando abre camino en el desierto (Isaías 43,19).

Intercesiones

Cristo Sanador, te pedimos por las familias que sufren a causa de la enfermedad, la pobreza, la violencia, los problemas de salud mental u otras dificultades, para que encuentren paz y fuerza renovada en ti.

Dios de constancia y aliento, te pedimos por todas las parejas que luchan en su matrimonio, para que se encomienden a sí mismos y a su familia a tus manos amorosas.

Padre de los que no tienen padre, pedimos por todos los que sufren por matrimonios mal avenidos o rotos, incluyendo a los hijos, para que tengan la seguridad de tu ternura indefectible hacia ellos.

Actividades para parejas y familias

1. En el matrimonio, los hábitos insatisfactorios en la relación pueden generar frustración o resentimiento con el tiempo. ¡Llévenlo juntos a la oración! Pídanle al Señor que haga algo nuevo en sus corazones este mes para ayudarlos a amarse mejor aquí y ahora.

2. Con demasiada frecuencia, los hijos ven a sus padres discutir, pero nunca ven la resolución o el perdón que se produce en privado. Háblenles sobre cómo Dios ayuda a que el amor de los esposos crezca cuando cada persona admite humildemente sus faltas y pide perdón.

3. Jesús fue un maestro en establecer límites e invitar a sus seguidores a tomar las mejores opciones. Afinen su manera de formar a sus hijos en las virtudes con *La guía sencilla de disciplina.*[6]

Honramos a todas las madres

"La obra maestra más hermosa del corazón de Dios es el corazón de una madre". – **Santa Teresa de Lisieux**

Las ovejas conocen la voz del Buen Pastor, que busca a las perdidas, incluso en medio de la noche. Las buenas madres están en la misma sintonía, escuchan las necesidades de sus hijos y sacrifican el sueño y la comodidad por ellos. La maternidad refleja el amor incondicional de Dios, haciendo sacrificios personales como un don sincero de sí mismo. Y, como el Buen Pastor, las madres se alegran cada vez que se reencuentran con sus hijos y refuerzan sus lazos de amor.

La maternidad es a menudo una vocación poco celebrada. Gran parte de la maternidad se lleva a cabo discretamente: aliviando los dolores de los más pequeños, sirviendo de maestra, cocinera, entrenadora, consejera y preparando a los hijos jóvenes para sus propias vidas, independientes pero siempre unidos. En cada uno de estos momentos, las mujeres aprovechan los dones de su feminidad que les aportan fuerza y compasión, cariño y aliento. Las madres se sienten realizadas en los detalles pequeños: regalos hechos a mano, un abrazo apretado y un beso fugaz de sus hijos grandes y pequeños.

Aun así, nuestra cultura debe hacer más para apoyar la maternidad, que en muchos sentidos está perdiendo prestigio social. En un mundo donde las personas se consideran intercambiables, a veces se deja de lado el vínculo incomparable entre madre e hijo. Sin embargo, como nos enseña el Evangelio, la voz del Pastor es única e irrepetible (Juan 10,27). Lo mismo ocurre con la voz de una madre para sus hijos. Los recién nacidos ya conocen la voz de sus madres, cuyos cuerpos los han albergado durante nueve meses, y son las madres quienes presentan a los niños al mundo, incluso al nuevo padre, y les enseñan la pertenencia, la comunidad, el amor y la responsabilidad.

Hoy recemos para que todas las madres reciban la gracia que necesitan para ser el mejor ejemplo de amor abnegado y generoso para sus hijos. Mostremos nuestra gratitud por los innumerables momentos de consuelo y apoyo que brindan las madres. Y honremos a todas las madres como imagen visible del amor de Dios en el mundo.

Intercesiones

Señor Jesucristo, pedimos por las madres cuyo amor incondicional por sus hijos, en los momentos de alegría y de dificultad, refleja tu amor por la Iglesia. Concédeles la gracia de ser testigos del evangelio, aceptando con entusiasmo el desafío de formar la próxima generación de santos.

Pedimos por todas las madres —biológicas, madrinas, abuelas, madres adoptivas, madrastras, madres de acogida y madres espirituales— para que sean apoyadas y alentadas en su vocación especial de amor.

Dios de consuelo y paz, pedimos por todas las madres que lloran la pérdida de un hijo, para que puedan vivir el duelo y encontrar la sanación, consoladas por la esperanza de que un día se reunirán con su hijo en el Reino celestial.

Actividades para parejas y familias

1. Para demostrarle a su madre lo mucho que significa, dialoguen juntos padre e hijos para identificar qué es lo más estresante en la vida de ella en este momento y encontrar una manera de aliviar ese estrés de forma significativa y continua.

2. Planifiquen una actividad divertida para pasar tiempo de calidad juntos como familia. Allí, tómense un tiempo para expresar desde el corazón todo lo que aman y aprecian de la presencia de su madre en sus vidas.

El amor del Padre

"Si reina el amor [en su corazón], una persona alcanza su identidad de modo pleno y luminoso, porque cada ser humano ha sido creado ante todo para el amor, está hecho en sus fibras más íntimas para amar y ser amado". – **Papa Francisco, *Dilexit Nos*, 21**

Existe una estrecha conexión entre nuestras celebraciones del Domingo de la Trinidad y el Día del Padre, que ocurren en la misma época cada año. Como seres humanos, hemos sido creados a imagen y semejanza de Dios, que es una comunión eterna y amorosa de personas divinas: la Santísima Trinidad. En palabras de San Agustín, el Padre ama al Hijo, el Hijo recibe el amor del Padre y responde con amor a su vez, y el Espíritu Santo *ES* el amor que los une. De un modo similar, aunque único, los esposos dan y reciben el amor del otro, y su amor tiene el poder increíble de crear un hijo. Es este amor generoso y entregado que convierte a un hombre en un verdadero padre.

Jesús mismo nos reveló que Dios es nuestro Padre, nuestro "Abba". San Pablo dice que nuestra comprensión cristiana de la familia procede de la paternidad de Dios Padre (Efesios 3,14-15). Las ciencias sociales han demostrado definitivamente que el entorno óptimo para el crecimiento y desarrollo de un niño es una familia estable y afectuosa encabezada por su madre y su padre biológicos.[7] En un mundo en el que nada es perfecto, hacemos todo lo posible por educar a los niños en cualquier circunstancia de vida, pero estos hechos nos recuerdan que la paternidad es parte integral del plan de Dios para la humanidad. Él ve nuestro anhelo del tierno amor, la protección, la misericordia y el ejemplo de un buen padre. Jesús revela la generosidad a la que los padres están llamados cuando dice: "Todo lo que tiene el Padre es mío" (Juan 16,15). Es lo opuesto de la incertidumbre del hijo pródigo (Lucas 15,11-32).

Los padres que asumen su enorme tarea de autodonación generosa imitan el amor de Dios al entregarse de forma continua, bondadosa, sacrificada y completa por el bienestar material y espiritual de su cónyuge y sus hijos. De este modo, nos ayudan a comprender el amor de nuestro Padre celestial, que amorosa y heroicamente lo dio todo por nosotros a través de su Hijo unigénito, acogiéndonos en su propia vida divina por el Espíritu Santo. Así pues, mientras alabamos al Padre, al Hijo y al Espíritu Santo, oremos para que el Dios Trino del amor bendiga también a nuestros padres y futuros padres, por los siglos de los siglos. ¡Amén!

Intercesiones

Padre celestial, alienta y apoya a todos los padres en su papel como primeros educadores de sus hijos y primeros modelos de vida cristiana.

Pedimos por los matrimonios, para que reflejen el amor de la Santísima Trinidad en sus hogares, a sus familias y a sus amigos.

Dios vivo, une a nuestra parroquia como una familia de familias, para que encontremos el modo de cuidar de nuestros matrimonios y apoyar a los padres, madres y familias de entre nosotros, que son la iglesia doméstica.

Actividades para parejas y familias

1. La mayoría de las familias tiene costumbres para mostrar aprecio a los papás: regalos especiales, manualidades, un día de descanso, una rica comida con sus platillos favoritos, etc. Esta vez, añadan una dimensión espiritual. Recen la *Oración para los padres* (p. 69) juntos y demuestren su aprecio al pedir que comparta algunos recuerdos especiales de su infancia o juventud.

2. Vean juntos una película que celebre la paternidad y luego platiquen sobre los sacrificios que hacen los papás por sus hijos y el significado que esto le da a sus vidas. Algunas posibilidades, según la edad de los hijos: Finding Nemo, Mrs. Doubtfire, The Way, Father of the Bride, The Pursuit of Happyness, Life is Beautiful, We Bought a Zoo, Field of Dreams, Minari, o Fatherhood. Consulten las reseñas en CommonSenseMedia.org o PluggedIn.com para asegurarse de que su selección sea adecuada a la edad de sus hijos.

Notas

[1] U.S. Department of Health and Human Services, Office of Planning, Research & Evaluation, “Success Sequence: A Synthesis of the Literature” (https://www.acf.hhs.gov/opre/report/success-sequence-synthesis-literature).

[2] Para quienes conocen el dolor del divorcio, ese profundo sufrimiento expresa la verdad de que nadie debería pasar por una pérdida así. Si esa es su historia, sepa que existe sanación para usted. La Iglesia ofrece gran consuelo y crecimiento espiritual para quienes se separan o se divorcian.

[3] https://desdelafe.mx/noticias/sabias-que/juegos-de-mesa-catolicos/.

[4] Por ejemplo, https://www.youtube.com/watch?v=kyxAex7vI50 y https://www.youtube.com/watch?v=Ag_KFnGwmJ4.

[5] Un análisis de los datos de la *General Social Survey* (GSS) en Estados Unidos desde 1998 muestra que, entre las personas mayores de 40 años que alguna vez estuvieron casadas, solo el 31% de los católicos se había divorciado, mientras que el 44% del resto de los cristianos y el 47% de las personas sin afiliación religiosa también lo habían hecho. El margen de error estadístico era de ±1% en cada caso.

Entre los católicos que asistían regularmente a Misa, la tasa de divorcios fue de solo el 20%, en comparación con el 35% entre otros cristianos que asistían regularmente a servicios religiosos, con un margen de error de aproximadamente ±2%. Esto sitúa la tasa de divorcio de los católicos entre un 30% y un 45% por debajo, en promedio, de la de otros cristianos.

[6] https://catholicus.eu/como-ensenar-disciplina-a-nuestros-hijos-una-guia-catolica-para-formar-en-el-amor-y-la-virtud/.

[7] Numerosas investigaciones confirman esta afirmación, frecuentemente destacada en informes del *Institute for Family Studies* (ifstudies.org). Un destacado artículo resumió el estado de la investigación en el 2010: Susan L. Brown, *Journal of Marriage and Family*, “Marriage and Child Well-Being: Research and Policy Perspectives,” octubre de 2010 (https://pmc.ncbi.nlm.nih.gov/articles/PMC3091824/).

Santos y modelos del amor matrimonial

Santo Tomás Moro: Mártir del Sacramento del Matrimonio

Nacido en Londres en 1478 como hijo de un juez, Santo Tomás Moro recibió una educación clásica y terminó sus estudios superiores en Derecho. Se hizo abogado y servidor público destacado, reconocido por su inteligencia y honestidad moral. Se casó con Jane Colt de Essex en 1505 y juntos tuvieron cuatro hijos. Cuando ella murió de una enfermedad repentina en 1511, se casó con una viuda llamada Alice Middleton para que sus hijos no sufrieran la falta de una madre cariñosa. Su hogar siempre estuvo abierto a personas necesitadas, especialmente a los niños: recibieron a dos niñas como tuteladas y las criaron como suyas.

Cuando el rey Enrique VIII se declaró "Cabeza Suprema de la Iglesia", Santo Tomás se opuso a los designios del rey, sobre todo en cuanto al divorcio. Se negó a reconocer a los hijos del rey Enrique y Ana Bolena como herederos legítimos al trono. Por eso, fue acusado de traición y condenado a muerte por decapitación en 1534. Así, se convirtió en mártir del Sacramento del Matrimonio.

Preguntas para parejas

¿Cómo nos inspira el ejemplo de Santo Tomás Moro y sus esposas Jane y Alice a crecer en nuestro compromiso y amor mutuo? ¿Cómo estamos llamados a sustentar la próxima generación, ya sean nuestros propios hijos o los de otros?

Preguntas para padres e hijos

Pensemos en las parejas que conocemos. ¿Quiénes son buenos modelos del matrimonio? ¿Qué virtudes demuestran? ¿De qué maneras podríamos aprender de su ejemplo para crecer en sensibilidad y servicio a los necesitados?

Beatos Luigi y María Beltrame Quattrocchi: La vida familiar como camino de santidad

Los beatos Luigi y María Beltrame Quattrocchi vivieron en Roma en la primera mitad del siglo XX, manteniendo encendida la luz de la fe en su vida familiar a través de la oración y la devoción a la Eucaristía. Cuando se le preguntó acerca de sus cuatro hijos, María respondió rápida y honestamente: “Los criamos en la fe para que conozcan y amen a Dios”.

Basándose en la Sagrada Escritura y las vidas de los santos, Luigi y María desarrollaron una rica espiritualidad, como cónyuges y como padres. Se dedicaron generosamente a enseñar y guiar a sus hijos para descubrir el plan amoroso de Dios para sus vidas. San Juan Pablo II señaló que el ejemplo de su vida familiar suscitó vocaciones al sacerdocio y a la vida consagrada, mostrando que el matrimonio y la vida religiosa son complementarios ya que ambos tienen raíces en el mismo amor esponsal de Cristo.

Preguntas para parejas

¿Cómo y cuándo experimentamos la cercanía con Dios en nuestra vida matrimonial? ¿Qué más podemos hacer para cooperar con el plan de Dios para nuestro amor como pareja?

Preguntas para padres e hijos

Al considerar el mundo actual, ¿cuáles son los beneficios mayores de estar casados? Compartan con sus hijos cómo su fe les ayuda a superar los desafíos y encontrar alegría en su matrimonio.

San Lorenzo Ruiz: Santo patrón de las Filipinas, los migrantes y las familias separadas

San Lorenzo Ruiz nació en 1596 de madre filipina y padre chino. Criado en Manila, Lorenzo sirvió en su parroquia, tenía una gran devoción al rosario y terminó casándose con una mujer llamada Rosario. La feliz pareja llevó una vida pacífica y contemplativa con sus dos hijos y una hija. Las lecciones diarias y la vida espiritual que practicaban como familia los fortalecieron para las cruces que les esperaban.

En 1636, Lorenzo fue acusado falsamente de matar a un español y se sintió obligado a huir a Japón. Poco después de llegar a Nagasaki, Lorenzo y los sacerdotes que lo acompañaban fueron arrestados por el Shogunato, brutalmente torturados por su fe y martirizados. Aunque estuvo tentado a renunciar a su fe, las últimas palabras de Lorenzo fueron: "Si tuviera mil vidas, todas se las ofrecería a Dios".

Lorenzo y Rosario enfrentaron muchos retos terribles que las parejas todavía experimentan hoy: racismo, separación, pérdida del cónyuge, migración forzada, persecución por la fe... Son grandes intercesores para la perseverancia de las parejas y las familias en tiempos difíciles.

Preguntas para parejas

¿Qué cruces llevamos como pareja o como familia? ¿Cómo nos ayuda nuestra fe a cargar esas cruces? ¿Qué podemos hacer para fortalecer nuestra vida espiritual en imitación a la familia Ruiz?

Preguntas para padres e hijos

En nuestro país, poca gente se encuentra en peligro de muerte por sus creencias religiosas, pero todos tenemos que hacer sacrificios a veces por nuestra familia. ¿Qué sacrificios son especialmente difíciles para ti? ¿Cómo te sientes cuando generosamente haces algo bueno por alguien en tu familia?

Venerable Pierre Toussaint: Un corazón para los niños necesitados

El venerable Pierre Toussaint (1766-1853) nació esclavo en Haití y murió como hombre libre en la ciudad de Nueva York. Cuando tenía poco más de 20 años, Pierre fue llevado a la ciudad de Nueva York como esclavo de la familia Bérard, que lo puso de aprendiz con un peluquero local. Pierre aprendió el oficio pronto y eventualmente trabajó con mucho éxito en las casas de mujeres ricas en la ciudad. Toussaint asistió a misa diaria durante 66 años en la parroquia de San Pedro en Nueva York.

Cuando el Sr. Bérard falleció, Pierre se encargó de ser el sostén para sí mismo, la Sra. Bérard y los demás esclavos en la casa. Fue liberado poco antes de la muerte de la señora Bérard en 1807. Cuatro años más tarde, se casó con Marie Rose Juliette, cuya libertad había comprado. Posteriormente adoptaron a Euphémie, su sobrina huérfana. Juntos, los Toussaint comenzaron una trayectoria de caridad y filantropía entre los pobres, como la creación de la primera escuela en la ciudad para niños negros. Recaudaron fondos para la Catedral Antigua de San Patricio, refugiaron a huérfanos y acogieron a numerosos niños, apoyándolos en el aprendizaje de un oficio. Se le considera el padre de Caridades Católicas de Nueva York.

Preguntas para parejas

¿Cómo compartimos nuestras bendiciones con personas necesitadas, especialmente los niños? ¿Qué más podemos hacer para formar los corazones de nuestros propios hijos para el servicio?

Preguntas para padres e hijos

¿Cómo se sintió el venerable Pierre al crecer como esclavo? ¿Y luego al ser liberado? Pierre y Marie Rose no tuvieron hijos propios. ¿Por qué creen que se preocuparon y sacrificaron tanto por los hijos de otras personas?

Nuestra Señora, Desatadora de Nudos

San Ireneo escribió en el siglo II: "El nudo de la desobediencia de Eva lo desató la obediencia de María. Lo que ató la virgen Eva por su falta de fe, lo desató la Virgen María por su fe". (*Adversus Haereses*, III, 22, 4) El sí de María a ser la madre de Jesús y su vida vivida según la voluntad de Dios desataron para todos los nudos del pecado y de la muerte. Desde los primeros días de la Iglesia, María ha ayudado a sus hijos a desenredar los nudos de sus vidas, ya sean nudos de pecado, de discordia, de dolor, de duda o de cualquier cosa que les inquiete. Jesús es el Salvador y María intercede por nosotros ante su Hijo.

En 1700, el padre Hieronymus Langenmantel encargó a un artista bávaro que pintara a Nuestra Señora Desatadora de Nudos en agradecimiento por la restauración del matrimonio de sus abuelos gracias a su intercesión. Hasta hoy, su santuario recibe cientos de miles de peregrinos. La devoción se extendió desde allí a Brasil y Argentina. Hoy, la fuerte devoción del Papa Francisco a Nuestra Señora Desatadora de Nudos ha presentado a millones de personas a nuestra madre bajo este título especial. Nuestra Señora, Desatadora de Nudos, ruega por todos los matrimonios, especialmente por los que afrontan dificultades.

Preguntas para parejas

¿Cuáles son los nudos de su vida matrimonial o familiar que necesitan desatar? ¿Cómo pueden apoyarse mutuamente en la oración y el servicio amoroso para superar esos nudos?

Preguntas para padres e hijos

Padres, háblenles a sus hijos de una ocasión en la que necesitaron la ayuda de su madre para salir de una situación complicada. ¿Cómo se sintieron? ¿Qué nudos ven en el mundo que les rodea? Únanse en oración para pedir la ayuda de María.

Venerable Vittorio Trancanelli: El santo del quirófano

Nacido en 1946 en Perugia (Italia), Vittorio Trancanelli fue un devoto cirujano conocido como "el santo del quirófano". Ofrecía atención médica independientemente de la capacidad de pago de los pacientes y mostraba una profunda empatía, en particular por los niños y las personas con discapacidad. Contrajo matrimonio con Rosalía en 1964, tuvieron dos hijos biológicos y siete adoptados, muchos de ellos con graves discapacidades.

También acogían en su casa, como refugio, a mujeres y niños necesitados. A pesar de padecer peritonitis, Vittorio siguió sirviendo a los demás desinteresadamente. Encarnaba el amor sacrificado, tanto en su carrera médica como en su vida familiar, y a menudo reflexionaba: "Es cierto que acoger no siempre es fácil, a veces es fatigoso, pero el Señor nos dice: 'Si yo, que soy el Señor y el Maestro, les he lavado los pies, ustedes también deben lavarse los pies unos a los otros'" (Juan 13,14).

Preguntas para parejas

¿Quiénes son las personas en sus vidas que han mostrado empatía? ¿Qué aprendieron de ellas que les haya ayudado? Piensen en alguna ocasión en la que ambos hayan hecho un sacrificio por amor o hayan servido al otro. ¿Cómo ayudó eso a que su relación creciera?

Preguntas para padres e hijos

Vittorio estuvo enfermo durante muchos años, pero utilizó su propio dolor para sentir empatía por otros necesitados, incluida su familia. ¿Cómo creen que pudo lograrlo? ¿Se les ocurre alguna ocasión en la que alguien de su familia haya hecho un sacrificio para ayudar? ¿En qué consistió? ¿Cómo les hizo sentir?

La Sagrada Familia:
Modelo para todas las familias cristianas

La Sagrada Familia —Jesús, María y José— es el modelo perfecto para todas las familias cristianas. En su hogar, el amor se enseñaba con el ejemplo. El cuidado protector de José y la presencia cariñosa de María crearon un entorno seguro para conducir a su hijo a la casa del Padre celestial. María y José educaron a Jesús como judíos devotos, rezando juntos en familia, leyendo las Escrituras hebreas y enseñándole el oficio de carpintero.

También sufrieron juntos, desde el nacimiento de Jesús en un establo, pasando por la huida de la persecución como emigrantes en Egipto, hasta perder a Jesús durante tres días en el Templo. En todas las alegrías y penas, la Sagrada Familia vivió las virtudes de la diligencia, la humildad y la compasión. Viviendo en la oscuridad en Nazaret, criaron a Jesús mientras "iba creciendo en sabiduría, en estatura y en gracia, delante de Dios y de los hombres". (Lucas 2, 52) Fue en el amor de su hogar donde florecería la misión de Jesús en la tierra.

Preguntas para parejas

¿Cómo pueden asegurarse de que su relación y su vida familiar reflejen el amor ejemplificado por la Sagrada Familia? ¿Qué tipo de legado desean crear juntos, tanto en el seno de su familia como en su comunidad?

Preguntas para padres e hijos

¿En qué se parece su familia a la Sagrada Familia en la forma de aprender, rezar y servir? ¿En qué se diferencia su familia? ¿Cómo puede su familia seguir creciendo en las virtudes como la Sagrada Familia?

Patriarcas Tobías y Sara: Confianza en la providencia de Dios

En el Libro de Tobías, Tobías viaja a Media con el arcángel Rafael, patrón del matrimonio y la sanación. Allí, Tobías conoce a Sara y se enamora de ella. Pero Sara está atormentada por un demonio llamado Asmodeo, que ha matado a siete de sus maridos anteriores en sus noches de bodas. Mientras sufría cada pérdida, fue acusada falsamente de matar a sus maridos, lo que agravó su dolor.

Sus padres le dan permiso a Tobías para casarse con Sara, los animan y rezan por ellos. Los recién casados se arrodillan en oración en su dormitorio, ofreciendo un holocausto para ahuyentar al demonio. Tobías pide la bendición de Dios, para que puedan ayudarse mutuamente como Adán y Eva con amor sincero: "¡Ten misericordia de ella y de mí, y concédenos llegar juntos a la vejez!" (Tobías 8,7). Cuando despiertan por la mañana, el demonio había desaparecido, y toda la familia alabó a Dios por su misericordia y compasión. Tobías y Sara son un bello ejemplo de sanación en el matrimonio y de confianza en la providencia de Dios.

Preguntas para parejas

¿De qué maneras ven patrones de discordia o las trampas del maligno en su relación matrimonial? Llévenlo juntos a la oración. ¿Dónde ven a Dios derramando el vino nuevo de su gracia en su matrimonio y en la vida familiar?

Preguntas para padres e hijos

Mediante la oración y la humildad al seguir la voluntad de Dios en sus vidas, Tobías y Sara experimentaron una abundancia de bendiciones de Dios. ¿Cómo ha bendecido Dios a su familia? ¿Con qué buenos dones los ha favorecido? ¿Cómo podrían compartir esos dones con quienes los necesitan?

Santos Louis y Zélie Martin: Perseverancia en medio de las dificultades

Los santos Louis y Zélie Martin, padres de Santa Teresa de Lisieux, son famosos por su matrimonio cristiano ejemplar y su vida familiar. Louis, nacido en 1823 en Bordeaux (Francia), se hizo relojero, mientras que Zélie, nacida en 1831 en Gandelain, dominó la fabricación de encajes y dirigió un próspero negocio. Ambos se sintieron llamados a la vida religiosa en un principio, pero encontraron en el otro una vocación diferente.

Se conocieron en 1858, se casaron tres meses después y pronto formaron un fuerte vínculo espiritual. Los Martin tuvieron nueve hijos, aunque cuatro murieron en la infancia. Zélie encontró consuelo en el Señor, diciendo: "Arriba volveremos a encontrar a nuestros pequeñitos". Compaginó la maternidad con sus negocios hasta que falleció de cáncer de mama a los 46 años. Louis siguió educando en la fe a sus cinco hijas, todas ellas consagradas más tarde a la vida religiosa. Ellas, a su vez, cuidaron de él cuando sufrió demencia en sus últimos años. Louis y Zélie fueron canonizados en el año 2015.

Preguntas para parejas

Los santos Louis y Zélie conciliaron trabajo, vida familiar y fe. Tuvieron grandes alegrías, pero también grandes sufrimientos en su matrimonio. ¿Qué pueden enseñarnos las vidas de Louis y Zélie sobre cómo llegar a ser santos como matrimonio?

Preguntas para padres e hijos

Como padre soltero con cinco hijas de entre 4 y 17 años, San Louis se aseguró de que todas trabajaran juntas para satisfacer las necesidades de todas. Sus hijas a su vez se aseguraron de cuidarle a él en la vejez. ¿Qué les dice esto sobre la importancia de cuidarse mutuamente como familia? ¿Qué más están llamados a hacer los unos por los otros?

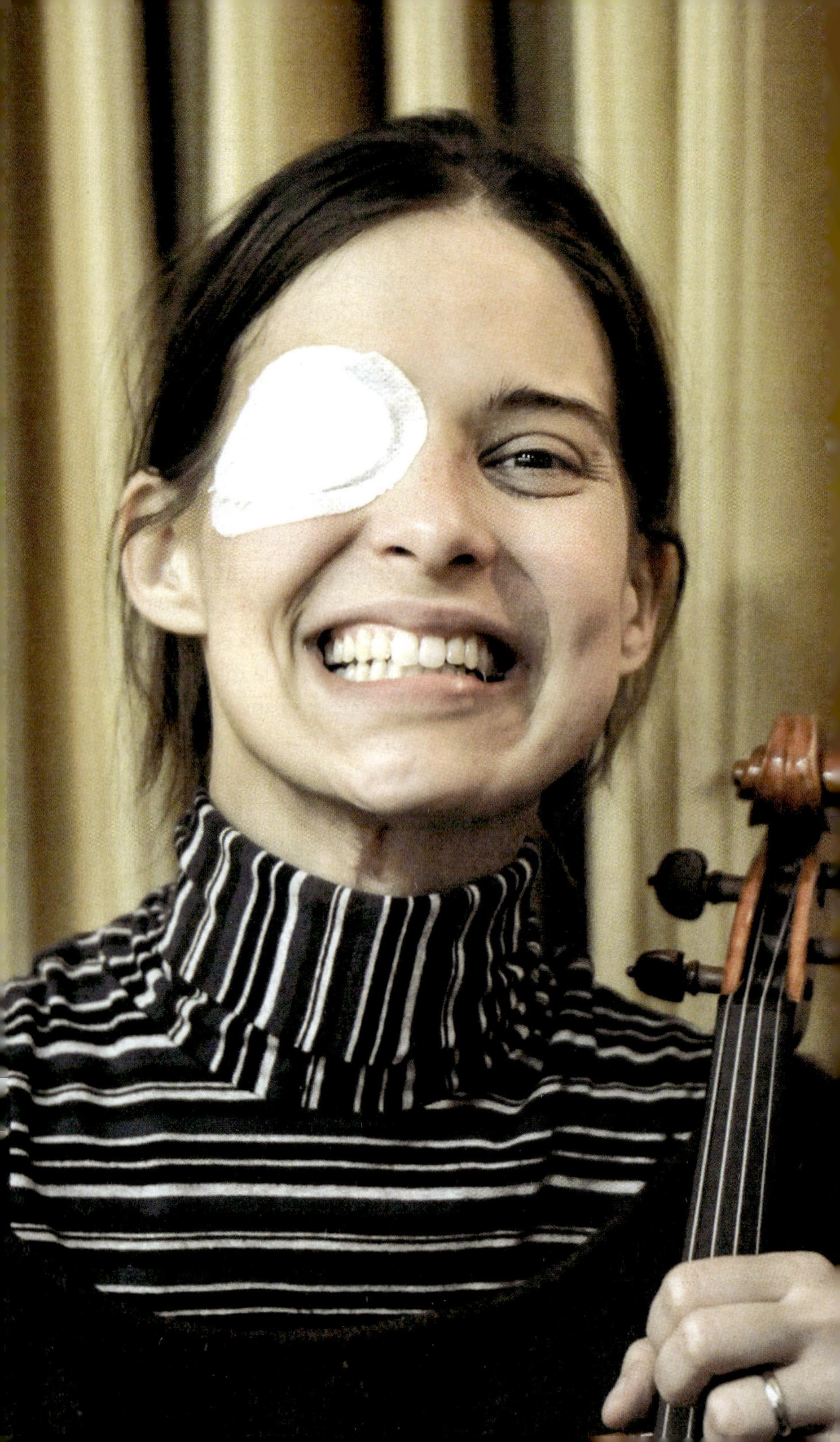

Sierva de Dios Chiara Corbella Petrillo: Un amor generador de vida

Chiara Corbella, nacida el 9 de enero de 1984 en Roma (Italia), conoció a su esposo Enrico en una peregrinación, y ambos eran activos en la renovación carismática. Cuando a sus dos primeros hijos, María y Davide, les diagnosticaron, aun estando en el útero, enfermedades que limitaban su vida, Chiara y Enrico optaron por tenerlos y cuidarlos durante sus cortas vidas. Ambos hijos fallecieron poco después de nacer. Chiara compartió su experiencia de acoger a sus hijos en eventos eclesiales, hablando del regalo que supusieron sus vidas.

Durante su tercer embarazo, a Chiara le diagnosticaron un cáncer de lengua. Optó por tratamientos que los protegerían tanto a ella como a su hijo nonato, Francesco, que nació sano. A pesar de su enfermedad, Chiara brillaba de alegría y fe. De hecho, esta foto fue sacada en abril de 2012, unos pocos días después de su diagnóstico de enfermedad terminal. Falleció el 13 de junio de 2012. Chiara es un ejemplo excepcional de esperanza y confianza en la promesa de la resurrección.

Pregunta para parejas

El amor heroico como el de la Sierva de Dios Chiara nunca es una elección espontánea: es el fruto de toda una vida de práctica. ¿De qué maneras concretas pueden amarse mejor esta semana?

Pregunta para padres e hijos

La vida humana es el don más preciado que Dios nos hace. ¿Cuáles son algunas de las cosas que más aprecian del don de tenerse los unos a los otros como familia? ¡Hagan un hábito de decirse estas cosas unos a otros!

Santa Inés Lê Thị Thành: Confía en Dios, pase lo que pase

Santa Inés Lê Thị Thành nació en una familia católica devota en el Vietnam del siglo XVIII. Su día de fiesta es el 12 de julio, en conmemoración del día de su muerte en 1841. Se casó y educó a dos hijos y cuatro hijas en la fe durante una gran persecución religiosa, y acogió a sacerdotes en su casa para ofrecer los sacramentos en secreto.

Eventualmente, Santa Inés fue capturada y arrestada a la edad de 60 años en una redada de sacerdotes católicos. La golpearon, la torturaron e incluso le pusieron serpientes en la ropa. Sin embargo, dio valientemente testimonio a sus hijos, instándolos a mantener la fe, y dijo a su marido: "Te encargo a los niños, confía en Dios. En cuanto a mí, confiaré y seguiré a Jesús hasta el final". Murió como la única mujer laica entre los 117 mártires vietnamitas por la fe.

Preguntas para parejas

¿Cuáles hábitos de fe practicamos en nuestra familia (oración, servicio, lectura de la Sagrada Escritura, perdón, hablar de Dios, etc.)? ¿Cómo podemos fortalecer juntos nuestra fe para ser más como Santa Inés en la vida diaria?

Preguntas para padres e hijos

Santa Inés demostró con el ejemplo de su vida que el amor es más que un sentimiento: es un verbo que necesita demostrarse con acciones y a veces requiere sacrificio. ¿Qué significa para nosotros como familia que amar es un verbo? ¿Cómo podemos poner en práctica nuestro amor por cada miembro de la familia?

Santa Mónica:
El poder de la oración en la adversidad

Mónica era una cristiana devota nacida en la Argelia del siglo IV. Casada con Patricio, un no creyente, sobrellevó como pudo los abusos emocionales y la infidelidad de éste. Rezó fervientemente por su conversión, que finalmente se produjo un año antes de su muerte.

Su mayor lucha fue su hijo, Agustín, que rechazó el cristianismo, se unió al maniqueísmo, vivió con una amante y tuvo un hijo fuera del matrimonio. Durante casi 20 años, Mónica rezó insistentemente por su conversión, y una vez escuchó de un obispo: "El hijo de esas lágrimas no perecerá jamás".

Practicó el amor de mano firme, pero al final optó por permanecer cerca de Agustín, instándole a seguir buenas influencias, como la de San Ambrosio. Sus oraciones fueron escuchadas en el año 387, cuando Agustín se convirtió al cristianismo. Mónica murió ese mismo año, siendo testigo de la transformación de su hijo en teólogo y Doctor de la Iglesia. Sigue siendo un modelo de paciencia y del poder de la oración en la adversidad.

Preguntas para parejas

En nuestra cultura, la maternidad se ve a veces como una cruz, o peor aún, como un límite a nuestras ambiciones personales. ¿Cómo nos muestran los ejemplos de la Virgen María, Santa Mónica y otras madres que conocemos, el poder de la maternidad para adentrarnos en el amor de Dios y participar en la formación de la nueva generación de santos?

Preguntas para padres e hijos

El corazón de Santa Mónica estaba agobiado al ver a su hijo alejarse del plan de santidad de Dios para sus hijos. ¿Qué se siente cuando un ser querido toma una mala decisión? ¿Cómo puedes ayudarlo a encontrar un camino mejor?

Venerable Dr. Ernesto Cofiño: Santidad en el trabajo y la vida familiar

El venerable Ernesto Cofiño, nacido en 1899 en la Ciudad de Guatemala, estudió medicina en la Sorbona antes de ser pionero de la pediatría en Guatemala. En 1933 se casó con Clemencia, una maestra, y juntos tuvieron cinco hijos y 21 nietos. Ernesto compaginó su carrera con una vida familiar llena de amor, diciendo que su mujer era el alivio, el apoyo, el ánimo y la alegría de la casa.

Impulsado por la compasión, Ernesto veía a cada paciente —rico o pobre— como hecho a imagen de Dios. Enseñó medicina pediátrica y fundó hogares para mujeres embarazadas, huérfanos y niños de la calle. Dirigió organizaciones para prevenir el maltrato infantil, acabar con la desnutrición y las enfermedades de los niños, combatir la tuberculosis y poner fin al aborto en su país. Más tarde se unió al Opus Dei y profundizó en su fe a través de la Misa diaria y la devoción al rosario. Ernesto falleció el 17 de octubre de 1991, dejando un legado de la santidad en el mundo mediante el trabajo ordinario y la vida familiar. El Papa Francisco lo declaró venerable el 14 de diciembre de 2023.

Preguntas para parejas

El venerable Ernesto se inspiró en su vida de oración para marcar una verdadera diferencia para los demás en su hogar y en su trabajo. ¿Cómo se desborda el amor de la Trinidad en nuestra familia? ¿Qué significa o qué aspecto tiene en la práctica?

Preguntas para padres e hijos

Aunque Ernesto le dio todo el crédito por su hermosa vida familiar a su esposa, claramente él también participaba. ¿Cómo reconocemos la generosidad y la entrega de papá por nuestra familia? ¿De qué maneras le honramos por su papel en nuestras vidas?

Imágenes de los santos y modelos del amor matrimonial

Retratos por Tracy L. Christianson (www.portraitsofsaints.com), usados con permiso:

- **Santo Tomás Moro**
- **San Lorenzo Ruiz**
- **Venerable Pierre Toussaint**
- **La Sagrada Familia**
- **Santos Louis y Zélie Martin**
- **Santa Inés Lê Thị Thành**

Beatos Luigi y María Beltrame Quattrocchi: Foto familiar de dominio público sacada en 1905, el año de su matrimonio.

Nuestra Señora, Desatadora de Nudos: Johann Georg Melchior Schmidtner, cerca del año 1700 (www.sankt-peter-am-perlach.de/knotenmadonna.htm).

Venerable Vittorio Trancanelli: Foto con su esposa Rosalía ("Lía") Sabatini en 1997, cortesía del *Tribunale Ecclesiastico Interdiocesano Umbro,* usada con permiso.

Patriarcas Tobías and Sara: Julius Schnorr von Carolsfeld, fotografía sacada de *Die Bibel in Bildern,* 1853 (www.alamy.com/stock-photo/2BNC73B.html), usada con permiso.

Sierva de Dios Chiara Corbella Petrillo: Foto cortesía de www.ChiaraCorbellaPetrillo.org, usada con permiso de Enrico Petrillo.

Santa Mónica: Retrato © John Nava 2025, usado con permiso.

Venerable Ernesto Cofiño: Foto con su esposa Clemencia, sacada en 1958 para la celebración de su 25 aniversario de bodas, © Prelatura de la Santa Cruz y Opus Dei, usada con permiso.

Oraciones y bendiciones para la vida matrimonial

Una oración 3×5 para parejas casadas

Cada día, por la mañana o por la noche,
aparten cinco minutos para hacer tres cosas juntos:

1. Pregunta: ¿Cómo puedo rezar por ti hoy?

2. Comparte: Esto es lo que siento hoy en mi corazón.
¡Por favor, reza por mí!

3. Aprecia: Reconoce las formas en que tu cónyuge
te ha amado en las últimas 24 horas.

Terminen con un "Padre Nuestro" juntos.

Amén.

Oración por un incremento del amor en las familias

Dios misericordioso,
ayúdanos a amarnos unos a otros con fervor, de todo corazón.

Haz que nuestro amor crezca tan profundamente
que sea capaz y esté dispuesto a superar y perdonar
una multitud de malentendidos y dudas.

Inspira un espíritu de hospitalidad en cada uno de nosotros
y permítenos compartir con alegría nuestro hogar.

Reconocemos que nos has dado a cada uno dones espirituales.
Ayúdanos a dejar de lado nuestros propios intereses
y a utilizar esos dones para servirnos bien los unos a los otros.
Confiaremos en la fuerza y la energía que Tú nos proporcionas.

Oramos para que todo lo que hagamos dentro de esta unidad familiar
te traiga gloria a través de Aquel que vive en nosotros.

Amén.

Fuente: Adaptada de una oración por un autor desconocido.

Bendición de los niños

Señor, Dios Nuestro,
que de la boca de los niños
has sacado la alabanza de tu nombre,
mira con bondad a estos niños (a este niño/a esta niña)
que la fe de la Iglesia encomienda a tu providencia
y, así como tu Hijo, nacido de la Virgen,
al recibir con agrado a los niños,
los abrazaba y los bendecía,
y nos los puso como ejemplo,
así también, Padre, derrama sobre ellos (él/ella) tu bendición,
para que, cuando lleguen a mayores (llegue a mayor),
por su buena conducta entre los hombres,
y con la fuerza del Espíritu Santo,
sean testigos (sea testigo) de Cristo ante el mundo
y enseñen y defiendan (enseñe y defienda)
la fe que profesan (profesa).

Por Jesucristo, nuestro Señor.
Amén.

Fuente: Bendicional *© 2000, 2022 Buena Prensa, 152.*

Oración matutina diaria de los niños de primaria

Padre Celestial, te ofrezco hoy
todo lo que hago, pienso y digo,
uniéndolo con lo que ha hecho
Jesucristo tu Hijo único.

Jesús, brilla a través de mí
y sé tan en mí que cada persona
con la que tenga contacto
pueda sentir tu presencia
en mi alma.

Amén.

Fuente: Traducción de una oración tradicional, autor desconocido, combinada con un fragmento de una oración del cardenal John Henry Newman.

Oración de los esposos

Señor, nuestro Dios,
Te bendecimos y te damos gracias
por tomar en tus manos nuestro amor.

Ayúdanos a cumplir nuestra misión de amor.
Ven a compartir nuestra vida.

Ayúdanos a formar a nuestros hijos
a ser testigos de tu amor
en nuestra familia y en la comunidad.

Danos fuerza en los desalientos.
Comparte nuestras alegrías.

Señor, bendice nuestro amor y nuestro hogar.

Amén.

Fuente: Adaptada de una oración de ACI Prensa. Usada con permiso.

Oración en las dificultades económicas

Señor, que has creado todo el universo
y has dotado a la tierra de riquezas suficientes para alimentar
a todos los pueblos que la habitan... Ven en nuestro auxilio.

Señor, que cuidas de los lirios del campo y de las aves del cielo,
los vistes, los nutres y los haces prosperar...
manifiesta sobre nosotros tu providencia paterna.

Ayúdanos, Señor: infunde en nuestros corazones
el sentido de la justicia, de la honestidad, y de la caridad.
Cuida de nuestra familia,
que confiadamente espera de ti el pan de cada día.

Concédenos paciencia y confianza,
a fin de que podamos corresponder más fácilmente
a tu gracia divina y sentir que sobre nosotros,
sobre nuestras preocupaciones y angustias, vela tu amor de Padre.

Amén.

Fuente: Oración adaptada de un autor desconocido.

Oración de protección para familias que viajan

Dios Padre,
mientras viajamos en estos próximos días,
guárdanos en tu cuidado amoroso.
Protégenos del peligro, de las fallas mecánicas
y de violentas tormentas.

Haznos sabios y prudentes cerca del agua y en el bosque.
Danos respeto por la naturaleza
para que no desafiemos su poder ni mancillemos su belleza.

Ayúdanos a ser amables unos con otros
y a relajarnos en este viaje con corazones alegres.
Que volvamos a casa más agradecidos, más generosos
y más conscientes de tus bendiciones.

Te pedimos también que bendigas a todos los que viajan
con la misma protección y bondad.
Te lo pedimos en el nombre de Jesús.

Amén.

Fuente: Traducción de una oración por un autor desconocido.

Oración para quienes esperan concebir o adoptar

Dios Creador nuestro,
por tu amor el mundo se llena de vida,
por tu generosidad una generación da vida a otra,
y así se cuentan tus maravillas y se cantan tus alabanzas.
En nuestra necesidad, acudimos a ti con amor:
que sea tu voluntad que engendremos (adoptemos) un hijo
para compartir nuestro hogar y nuestra fe.
Dios amoroso, acércate a nosotros
mientras oramos para amar y hacer tu voluntad.
Tú eres nuestro Dios, que nos nutres por los siglos de los siglos.

Amén.

Fuente: Traducción de una oración de la USCCB, Catholic Household Blessings and Prayers, *p. 225. Usada con permiso.*

Bendición de los abuelos

Líder: Bendito sea Dios, fiel por todas las generaciones.

R/. Bendito seas por siempre, Señor.

El líder dispone a los presentes a recibir la bendición con estas palabras u otras semejantes:

Los abuelos son miembros queridos de nuestra familia. Ellos nos brindan dones de sabiduría, experiencia y amor, y nos comparten su vida de fe. Damos gracias a Dios por su ejemplo y pedimos que los bendiga con alegría y salud.

Después de un momento de silencio, todos se unen en oraciones de intercesión y en el Padrenuestro. Luego el líder dice la bendición:

Señor Dios todopoderoso,
bendice a nuestros abuelos con larga vida, felicidad y salud.
Que permanezcan firmes en tu amor
y sean signos vivos de tu presencia
para sus hijos y nietos.

Por Jesucristo, nuestro Señor.
R/. Amén.

Todos se persignan mientras el líder concluye:

Que Dios nos bendiga y nos guarde
todos los días de nuestra vida.
R/. Amén.

Fuente: Traducción adaptada de una oración de la USCCB, Catholic Household Blessings and Prayers, *pp. 191-192. Usada con permiso.*

Bendición de los prometidos

En el nombre del Padre, y del Hijo, y del Espíritu Santo.
R/. Amén.

Hermanos, alabemos a nuestro Señor Jesucristo,
que nos amó hasta entregarse por nosotros.
R/. Amén.

El que preside, con las manos juntas, dice la oración; si es sacerdote o diácono, con las manos extendidas:

Te alabamos, Señor,
porque, en tu designio de bondad,
mueves y preparas a estos hijos tuyos N. y N.
para que se amen mutuamente;
dígnate fortalecer sus corazones,
para que, guardándose fidelidad
y agradándote en todo,
lleguen felizmente
al sacramento del matrimonio.
Por Jesucristo, nuestro Señor.
R/. Amén.

El Dios del amor y de la paz habite en ustedes,
dirija sus pasos
y confirme sus corazones en su amor.
R/. Amén.

Oración por las vocaciones

Dios amoroso,
Tú nos hablas y nos alimentas
a través de la vida de esta comunidad eclesial.

En el nombre de Jesús, te pedimos
que nos envíes tu Espíritu
para que mujeres y hombres entre nosotros,
jóvenes y mayores, respondan a tu llamado
al servicio y liderazgo en la Iglesia y en la familia.

Te pedimos especialmente, en nuestros días,
por los que escuchan tu invitación al sacerdocio,
al diaconado, a la vida consagrada o al matrimonio.

Que los que abren sus corazones y mentes a tu llamado
sean alentados y fortalecidos
a través de nuestro entusiasmo en tu servicio.

Amén.

Fuente: Adaptada de una oración por un autor desconocido.

Oración por la gracia del perdón en el matrimonio

Señor Jesús, a la luz de tu infinita misericordia,
nos presentamos hoy ante ti,
pidiendo humildemente tu gracia
para perdonarnos mutuamente por cualquier herida o injusticia
que hayamos causado en nuestro matrimonio.

Llena nuestros corazones con tu amor y comprensión,
permitiéndonos desprendernos del resentimiento y la amargura,
y aceptar el perdón como un camino hacia la sanación.

Guíanos para comunicarnos abierta y honestamente,
para escuchar con compasión y para priorizar el amor
y el compromiso que asumimos el día de nuestra boda.

Entregamos nuestro matrimonio a tu cuidado amoroso,
pidiendo que fortalezcas nuestro vínculo
y renueves nuestro compromiso mutuo.

Amén.

Bendición de una familia

Te bendecimos, Señor,
porque tu Hijo, al hacerse hombre,
compartió la vida de familia
y conoció sus preocupaciones y alegrías.
Te suplicamos ahora, Señor, en favor de esta familia:
guárdala y protégela,
para que, fortalecida con tu gracia,
goce de prosperidad, viva en concordia
y, como Iglesia doméstica,
sea en el mundo testigo de tu gloria.
Por Jesucristo, nuestro Señor.
Amén.

Oración mutua de los esposos

Señor Jesús, concédenos que mi cónyuge y yo
tengamos un amor verdadero y comprensivo.
Concédenos que ambos estemos
llenos de fe y confianza. Danos la gracia
de vivir juntos en paz y armonía.

Que siempre tengamos compasión
por las debilidades del otro
y crezcamos a partir de sus fortalezas.
Ayúdanos a perdonar las faltas del otro
y concédenos paciencia, bondad, alegría
y un espíritu de poner el bienestar del otro
por delante de nosotros mismos.

Que el amor que nos unió crezca
y madure con cada año que pasa.
Haz que ambos estemos cada vez más cerca de Ti
a través de nuestro amor mutuo. Que nuestro amor
crezca hasta llegar a la perfección.

Amén.

Fuente: Impreso con permiso de Catholic Online, www.catholic.org.

Por mi madre – una oración de los hijos

María Santísima, amada madre mía,
ayúdale a mi mamá a ser una buena madre.
Dale paz y sabiduría, fuerza y valor,
gracia y alegría. Acércate a ella cuando necesite ayuda.
Llévala más cerca de tu Hijo, Jesús. Ayúdame
a siempre demostrarle a mi madre cuánto la amo.

Amén.

Oración de una madre por sus hijos

Amado Señor,
bendice a mis hijos al despertar y al dormir,
en los alimentos que comen y en sus juegos y estudios.

Concédeles, Señor, el uso correcto de tu gracia y dones
para que en todo lo que hagan, en cada actividad de su vida,
procuren darte gloria y lleguen a compartir tu gozo eterno.

Guía sus pasos, Señor, y dirígelos por senderos
que los lleven a ti, en paz y amor para siempre.

Amén.

Fuente: Traducción de una oración por Robert C. Broderick en All Mothers Prayerbook *© 1983 The Leaflet Missal Company. Usada con permiso.*

Oración para las madres

Dios amoroso,
así como una madre da vida y alimento a sus hijos,
tú velas con ternura por tu Iglesia.
Bendice a nuestra madre.
Deja brillar el ejemplo de su fe y su amor.
Concédenos a nosotros, su familia,
honrarla siempre
con un espíritu de profundo respeto.
Por Jesucristo, nuestro Señor.
Amén.

Oración para los padres

Oh Dios, eres fuente y dador de toda vida,
humana y divina.
Bendice a nuestro padre.
Que sea el mejor de los maestros para sus hijos,
testigo vivo de la fe
en sus palabras y en sus obras,
por Jesucristo, nuestro Señor.
Amén.

Fuente: Traducción de oraciones de la USCCB, Catholic Household Blessings and Prayers, *pp. 188-189. Usadas con permiso.*

Cultivando un amor que perdura con *Communio*

Cultivando un amor que perdura:
Consejos y herramientas de Communio para nutrir tu matrimonio

Es un momento especial: esa primera mirada en el pasillo el día de tu boda. Mírense a los ojos en el altar, intercambien votos y comprométanse a amarse por toda la vida. Al principio, su amor parece nuevo, brillante y emocionante, y sienten que juntos pueden conquistar el mundo. Pero con el tiempo, la rutina diaria se impone, y aquellos sentimientos pueden desvanecerse.

Piensa en tu matrimonio como un hermoso jardín, lleno de dulces árboles frutales, nutritivos vegetales, flores deslumbrantes y deliciosas hierbas. Un jardín es un ecosistema vivo y cambiante que florece gracias al cuidado constante. Esto significa regar, podar, deshierbar, hacer compost y protegerlo de plagas e invasores. A través de todo ello, tu dedicación al jardín se recompensa cuando brota y crece.

¡Cuánto más deberías dedicarte a tu matrimonio, signo vivo de tu amor y fidelidad a tu cónyuge! Como un jardín, cuidar tu matrimonio dará frutos duraderos para tu relación y tu familia. Matrimonios fuertes construyen familias fuertes, y con familias fuertes, nuestra Iglesia tiene un futuro luminoso.

Los impactos positivos

Tu misión hoy es entregarte plenamente a amar a tu cónyuge. No te reserves nada. Los hijos son un regalo maravilloso, pero tu llamada vocacional principal es el matrimonio. Las investigaciones muestran que la satisfacción conyugal está asociada con mayor felicidad, menos depresión, mayor esperanza de vida y más éxito profesional y económico.

Al amar a tu cónyuge, amas a tus hijos y les muestras la belleza del matrimonio. La estabilidad en el hogar satisface las necesidades básicas de seguridad y protección de los niños, y además moldea su fe. Los hijos experimentan primero el amor de Dios a través de sus padres. Un niño que crece en un hogar amoroso con padres casados es más propenso a abrirse al amor del Padre celestial.

Pasos prácticos que puedes tomar

Los estudios muestran que las parejas que dedican al menos 8–12 horas al año al enriquecimiento de su relación tienen menos probabilidades de divorciarse y más probabilidades de disfrutar de satisfacción matrimonial. Dos factores predicen el éxito: la capacidad de comunicarse eficazmente y de resolver conflictos. Para practicar ambos, incluimos dos ejercicios breves—uno sobre comunicación y otro sobre resolución de conflictos. Cada uno toma solo 15 a 20 minutos.

Además, ¡sal con tu cónyuge! Tuvieron muchas citas cuando eran novios y comprometidos, ¿por qué detenerse ahora? Divertirse juntos mediante citas regulares es aún más importante cuando el trabajo y los hijos llenan su agenda. Aquí tienes algunos consejos para comenzar:

- Ponlo en el calendario (o probablemente no sucederá).
- Contrata a una niñera, pide a un amigo o familiar que cuide a los niños, o prioriza acostarlos temprano para poder tener una cita en casa.
- Salgan a cenar, asistan a un evento local o tengan una noche de películas o juegos en casa.

La actividad importa menos que la decisión de invertir el uno en el otro. Comienza hoy con un pequeño paso para invertir en tu relación. Así como cuidar un jardín lo mantiene floreciente, simples actos de amor y compromiso nutrirán tu matrimonio para una vida llena de felicidad.

COMMUNIO

Communio *se está asociando con las 12 diócesis de California para ayudar a las parroquias a evangelizar a través de matrimonios y familias más fuertes. Nuestro modelo parroquial—al que se le atribuye haber reducido la tasa de divorcios en un 24% en Jacksonville, FL—prepara a las parroquias para convertirse en lugares donde los matrimonios prosperan, las familias son acompañadas y la fe echa raíces por generaciones. Si deseas más información sobre cómo* Communio *puede colaborar con tu parroquia, visita* communio.org *o escribe a Damon Owens a* dowens@communio.org.

Ejercicio de comunicación: Conversación semanal

En el ajetreo de la vida, a veces las parejas viven juntos por piloto automático, sin mucha conexión. Una conversación sencilla semanal en pareja es de mucha ayuda para reconectarse y alinear sus objetivos.

Instrucciones: Tómense 10 minutos para realizar su primera conversación semanal. Sigan el esquema que se muestra a continuación. El objetivo de una conversación semanal es aclarar cualquier problema para que nada se siga guardando, fomentar el apoyo mutuo en las tareas, asegurarse de que ambos se sientan escuchados y atendidos durante la semana y establecer la agenda familiar para los próximos siete días.

- **Primer paso – mostrar gratitud:** Comiencen eligiendo algo por lo que estén agradecidos esta semana y una forma en la que su cónyuge merece ser apreciado.

  Un momento destacado de mi semana fue ________________.

  Estuve agradecido cuando tú ____________________________.

  Me sentí más amado y apoyado cuando tú ________________.

- **Segundo paso – identificar los puntos problemáticos:** ¿Hubo tensiones o problemas que surgieron esta semana? Tómense el tiempo para hablar de sus sentimientos y escuchar los de su cónyuge. Pregúntele a su cónyuge:

  ¿Hubo algo que te molestó esta semana y te gustaría dialogar?

  ¿Te espera algo estresante esta semana? ¿Qué necesitas de mí?

  ¿Hay algo que puedo hacer para apoyarte mejor?

- **Tercer paso – sincronizarse con el calendario familar:** Utilicen un planificador semanal para revisar y establecer las prioridades familiares de la próxima semana.

- **Cuarto paso – recen el uno por el otro:** Pregúntale a su cónyuge:

  ¿Hay algo en particular por lo que quisieras que rece por ti?

Luego, tómense un momento para orar el uno por el otro. Pueden orar desde el corazón o usar esta oración católica para los esposos:

> *Señor Jesús, concédenos a mi cónyuge y a mí un amor verdadero y comprensivo. Haz que ambos estemos llenos de fe y confianza. Danos la gracia de vivir juntos en paz y armonía. Que sepamos sobrellevar con sabiduría nuestras debilidades y crecer gracias a las fortalezas del otro. Ayúdanos a perdonarnos mutuamente nuestras faltas y concédenos paciencia, bondad, alegría y el espíritu de anteponer siempre el bien del otro al propio.*
>
> *Que el amor que nos unió crezca y madure con cada año que pasa y nos acerque cada vez más a ti. Haz que nuestro amor llegue a la perfección. Amén.*

Programen sus conversaciones semanales: ¡Síganle! Establezcan un día y una hora recurrentes para su próxima conversación semanal. ¡Háganlo divertido! Tomen un café o algo especial mientras conversan.

Ejercicio de resolución de conflictos: Ofrecer y aceptar disculpas

Los conflictos en cualquier relación son inevitables. Cuando discuten por algo, es posible que se hayan compartido palabras duras. Puede ser necesaria que una o ambas personas ofrezcan disculpas para seguir adelante con la relación. Este ejercicio proporciona cuatro pasos sencillos que pueden seguir para ofrecer (y aceptar) disculpas adecuadas.

Instrucciones: Tómense un momento para reflexionar sobre alguna ocasión en la que su pareja hirió sus sentimientos o hizo algo que le molestó. Esto podría incluir algo que él o ella hizo mal o cómo se comportó en una discusión o conversación.

Uno de ustedes comienza compartiendo un momento o un problema usando declaraciones en primera persona, por ejemplo: "Me siento _____ cuando tú _____".

> *(Importante: Asegúrense de que los sentimientos estén relacionados con cómo se sienten y que no estén haciendo un ataque de "tú" bajo la apariencia de "yo siento". Eviten decir "Yo siento que tú...")*

Ofrecer su disculpa:

Ahora, la persona que está *ofreciendo las disculpas* sigue estos pasos:

- **Primer paso:** Reconocer lo que su pareja dice que hizo o dijo que le molestó.
- **Segundo paso:** Pedir disculpas por lo que hizo o dijo o por la impresión que transmitió. Por ejemplo:
  "Lo siento por __________". O bien, "Lamento que pareció que __________".
- **Tercer paso:** Explicar brevemente sus motivos y su perspectiva. A veces puede parar después del segundo paso, pero si realmente se siente obligado a explicarlo, ¡hazlo brevemente! Ten cuidado con el uso de "pero" después de pedir disculpas, ya que puede minimizar la disculpa. Entonces, explíquelo si es necesario, pero asegúrese de que su enfoque esté primero en la disculpa y luego en aclarar su propio motivo.
- **Cuarto paso:** Si explicó su motivo ¡discúlpese de nuevo! Especialmente después de haber dicho "pero". Por ejemplo:
  "Lo siento por decir __________. Lo que realmente quise decir fue __________, pero lamento mucho haberte mostrado un comportamiento poco agradecido y haber herido tus sentimientos".

Aceptar las disculpas:

Finalmente, la persona que recibe las disculpas debe aceptarlas. Algunas personas se sienten con tanto derecho a una disculpa que cuando la escuchan, básicamente dicen: "Sí, eso fue MUY horrible de tu parte".

Recuerden, puede ser increíblemente difícil para la persona que se disculpa humillarse y ofrecer buenas disculpas. Entonces, cuando las reciba, RECÍBALAS, CRÉALAS y luego ACÉPTELAS.

Para mayor claridad, acéptelas diciendo "Acepto tus disculpas" o "Gracias por tus disculpas, te perdono" o cualquier cosa que tenga ganas de decir, pero reconozca las disculpas.

Este ejercicio es una adaptación del contenido creado por el Dr. Morgan Cutlip de LoveThinks. Obtengan más información en www.lovethinks.com.

Que brille el amor por las redes sociales

Que brille el amor por las redes sociales

Al corazón de la iniciativa “Que Brille el Amor” de los Obispos de California se encuentra la convicción de que el matrimonio es la unión de un hombre y una mujer *en Cristo.* Como tal, cada matrimonio sacramental está llamado a ser un reflejo de la alianza del amor de Dios por su pueblo, siguiendo el modelo de la entrega total, irrevocable, fiel y vivificante de Cristo en la cruz por la Iglesia. Aunque nuestros esfuerzos por vivir esa Buena Nueva no sean perfectos, siguen brillando como una luz que guía a nuestro mundo. Por lo tanto, estamos llamados a dejar “Que Brille el Amor” a través del testimonio de nuestros propios matrimonios, de palabra y obra.

Hoy en día, los mensajes en las redes sociales presentan oportunidades constantes para animar a las personas de nuestro entorno. A continuación se encuentran algunas ideas para compartir el mensaje de “Que Brille el Amor” en línea. Añadan las palabras a sus fotos o conviértanlas en memes. O mejor aún, usen su creatividad y sus propias palabras para exponer la hermosura y la bondad del matrimonio sacramental para las parejas y su vida familiar. Siempre que sea posible, agrega la etiqueta **#QueBrilleElAmor** para que otros puedan encontrar fácilmente sus publicaciones. ¡Gracias por dejar brillar el amor de Dios!

Mensajes sencillos

¡Que brille el amor de Dios en el matrimonio!

En lo más profundo de nuestro corazón, queremos amar y ser amados.

El matrimonio: Es romántico. Es auténtico. ¡Es una aventura!

Den testimonio de la verdad de que Dios es Amor y el amor proviene de Dios.

Todo lo que hagan ustedes, háganlo para gloria de Dios. (1 Corintios 10,31)

Enséñanos la belleza del perdón y a llevar las cargas unos de otros.

Me entrego a ti libremente y sin reservas.

El amor es para siempre porque Dios es Amor.

¿Cómo dejan brillar el amor como pareja? ¿Y en familia?

Reflexiones más profundas

Celebremos el matrimonio como un hermoso camino de amor. Aprovechemos cada día como una oportunidad para fortalecer nuestros lazos, darlo todo con generosidad y dejar brillar el amor en nuestros hogares y más allá.

Brindemos por la alegría, la fuerza y las bendiciones que se obtienen al caminar de la mano... ¡por nuestro propio bien, el bien de nuestros hijos y el bien del mundo!

Todos los días, los hijos llevan lo inesperado a nuestros hogares y familias. Tanto en los buenos como en los malos momentos, ¡acepten su imprevisibilidad diaria como un regalo de Dios!

Los altibajos de la vida son mejores cuando los afrontamos juntos. ¡Acepta la aventura de un compromiso para toda la vida!

Cuando un matrimonio es capaz de superar la prueba del tiempo, es hermoso, transformador... un camino de santidad que nos hace más plenamente humanos.

La gracia que Jesús sigue ofreciendo a las parejas en el Sacramento del Matrimonio es el don de la *Vida en abundancia* (Juan 10,10) a través de una alianza de amor que dura toda la vida.

La misión de la familia es hacer discípulos a nuestros cónyuges y a nuestros hijos. Las familias, llenas del amor de Jesús y del amor mutuo, invitan a los demás a experimentar el amor y así comprender su propio propósito en la vida.

El matrimonio es una vocación, un llamado que Dios pone en nuestro corazón, y un camino de amor que cada persona cumple de manera única. Esta vocación es verdaderamente una peregrinación de fe y esperanza en el amor, ¡porque Dios tiene el mapa!

Cuando llega el momento de dar y recibir humildemente el perdón, el Espíritu Santo derrama la gracia sobre nuestra voluntad para que podamos crecer en santidad y amor.

Jesús nos enseñó a reconciliarnos con quienes hemos ofendido y a perdonar siempre a quienes nos han ofendido. Pedir perdón con regularidad en realidad profundiza nuestras relaciones amorosas.

Citas bíblicas

Jesús dijo a sus discípulos: "El que recibe a uno de estos pequeños en mi Nombre, me recibe a mí" (Marcos 9,37). Los espera fielmente la comunidad católica de los discípulos de Cristo: ¡traigan a sus hijos para el Bautismo!

"¡Que el Señor te bendiga desde Sión todos los días de tu vida: que contemples la paz de Jerusalén y veas a los hijos de tus hijos!" (Salmo 128). El amor sí dura toda la vida, ¡deja que tu amor brille ante los demás!

"Vengan a mí todos los que están afligidos y agobiados, y yo los aliviaré." (Mateo 11,28).

"El amor todo lo disculpa, todo lo cree, todo lo espera, todo lo soporta" (1 Corintios 13,7).

"Que el hombre no separe lo que Dios ha unido" (Marcos 10,9).

Citas de los papas y del magisterio

Ama con generosidad, sobre todo cuando sientas que ya no tienes nada que dar. "El modo de amar de Dios se convierte en la medida del amor humano". – Papa Benedicto XVI

"El genuino amor conyugal es asumido en el amor divino... para conducir eficazmente a los cónyuges a Dios". – Concilio Vaticano II, *Gaudium et Spes*

“En esta especie de Iglesia doméstica los padres deben ser para sus hijos los primeros predicadores de la fe, mediante la palabra y el ejemplo”. – Concilio Vaticano II, *Lumen Gentium*

“La familia es la célula básica de la sociedad, el lugar donde se aprende a convivir en la diferencia y a pertenecer a otros, y donde los padres transmiten la fe a sus hijos”. – Papa Francisco

“Toda familia necesita un padre: un padre que comparta la alegría y el dolor de su familia, que transmita sabiduría a sus hijos y les ofrezca orientación y amor firmes”. – Papa Francisco

“El bien de la persona, de la sociedad y de la Iglesia misma pasa por la familia”. – San Juan Pablo II

“Cree en el amor, cree en Dios y cree que eres capaz de emprender la aventura de un amor que dure toda la vida. El amor quiere ser permanente; ‘hasta nuevo aviso’ no es amor”. – Papa Francisco

Citas de los santos

“Si quieres llevar felicidad al mundo entero, ve a casa y ama a tu familia”. – Santa Teresa de Calcuta

“Cuando un hombre y una mujer se vuelven uno en el matrimonio, ya no son más como criaturas terrenales, sino la imagen misma de Dios”. – San Juan Crisóstomo

“El propósito del matrimonio es ayudar a las personas casadas a santificarse a sí mismas y a los demás. Por eso reciben una gracia especial en el sacramento que Jesucristo instituyó. Los que son llamados al estado matrimonial encontrarán en él, con la gracia de Dios, todo lo que necesitan para ser santos”. – San Josemaría Escrivá

“La obra maestra más hermosa del corazón de Dios es el corazón de una madre”. – Santa Teresa de Lisieux

Para el Día Mundial del Matrimonio, segundo domingo de febrero

¡Feliz Día Mundial del Matrimonio! Aprovechemos cada día como una oportunidad para fortalecer nuestros lazos, apoyarnos unos a otros y difundir el amor en nuestros hogares y más allá.

Hoy honramos la belleza del matrimonio. Juntos prosperamos en el amor, la fe y la unidad. Valoremos el camino recorrido en el matrimonio, un camino donde crecemos, aprendemos y nos apoyamos mutuamente. ¡Qué vivan la alegría, la fuerza y las bendiciones que se obtienen al andar de la mano como matrimonio! ¡Feliz Día Mundial del Matrimonio!

Celebren el Día Mundial del Matrimonio... ¡porque juntos prosperamos!